LE VILLAGE PRÉFÉRÉ DES FRANÇAIS

LA FRANCE ET SES VILLAGES

Ce livre est tiré de l'émission *Le village préféré des Français*,
diffusée par France Télévisions, conçue et produite par Morgane Production.

STÉPHANE BERN

LE VILLAGE PRÉFÉRÉ DES FRANÇAIS

LA FRANCE ET SES VILLAGES

ALBIN MICHEL

SOMMAIRE

MONTREUIL-SUR-MER
SAINT-VALERY-SUR-SOMME
VARENGEVILLE-SUR-MER
MONCONTOUR
BELLÊME
MONTCHAUVET
COURANCES
ROCHEFORT-EN-TERRE
KAYSERSBERG
PLOMBIERES LES BAINS
BÉHUARD
PIRIAC-SUR-MER
CANDES-SAINT-MARTIN
BÈZE
GARGILESSE-DAMPIERRE
ARBOIS
LA ROQUE-GAGEAC
ROCAMADOUR
VOGÜÉ
LA GARDE-ADHÉMAR
GORDES
SARE
LOURMARIN
LAGRASSE
NONZA
SANT'ANTONINO

« QUE LA FRANCE EST BELLE ! »

Sept ans déjà que s'est installé ce rendez-vous annuel qui a vu triompher tour à tour les villages de Saint-Cirq-Lapopie, Eguisheim, Cordes-sur-Ciel, Ploumanac'h, Rochefort-en-Terre et Kaysersberg. Pour six villages couronnés, combien d'autres tout aussi magnifiques ? Chaque fois, la même réaction des Français m'interpelle : « Que la France est belle ! » Quel autre pays au monde, ainsi baigné par quatre façades maritimes sur un littoral de 3 427 km, peut s'enorgueillir d'une telle diversité de paysages, d'une telle richesse de bourgs et de campagnes en bord de mer ou à la montagne, d'une telle variété de trésors ? Est-ce parce que j'ai été chargé d'une mission de sauvegarde du patrimoine que mon regard sur les villages a changé ? Plus que jamais, je suis convaincu qu'ils sont le joyau de notre pays, au même titre que nos villes, mais qu'ils conservent bien davantage la convivialité inhérente à l'art de vivre à la française, la solidarité des petites communes, les valeurs solides des territoires ruraux proches de la terre... Tout ce dont chacun de nous, citadins d'infortune ou de circonstance, sommes secrètement nostalgiques comme on le serait d'un paradis perdu.

Certes, en sept ans, la France s'est métamorphosée, ses régions administratives ont été restructurées, mais son âme villageoise ne s'est pas envolée. Elle demeure, vibrante, partout sur notre territoire où me conduisent les tournages du « village préféré des Français ». J'y découvre, année après année, avec le même bonheur, et dans chaque village, son incroyable patrimoine historique, touristique, architectural, gastronomique, sans oublier sa formidable richesse humaine. Ces voyages ont nourri mon amour pour les beautés de la France et son exceptionnelle richesse patrimoniale qui ne saurait être délocalisée. Ce n'est pas un hasard si la France reste le premier pays visité au monde avec quelque 89 millions de touristes chaque année : la France est un jardin, un musée à ciel ouvert, et non un pays muséifié ou figé dans lequel on voudrait que nos villages ressemblent encore aux cartes postales anciennes... Pour autant, je ne suis pas peu fier d'avoir obtenu que, depuis deux ans, le « village préféré des Français » se voie non seulement attribuer une plaque commémorative – que des petits malins aimeraient parfois s'approprier – mais surtout l'édition d'un timbre qui renforcera sa notoriété dans l'hexagone et bien au-delà. Ne l'oublions pas, ces villages de France sont aussi les relais nécessaires d'une culture à la portée de tous qui favorise le tourisme et en cela l'économie et l'emploi au cœur des régions.

Je vous propose de poursuivre dans ce beau livre, superbement illustré, le plaisir de découvrir ces villages uniques. En 2016 et 2017, quelque vingt-six villages de France ont ainsi été sélectionnés et leur caractère authentique propre soumis à vos votes. « Le village préféré des Français » exalte les charmes et les sortilèges de notre pays. Je suis persuadé que vous n'aurez dès lors qu'une hâte, prendre la route pour aller découvrir nos trésors insoupçonnés pourtant si proches de chez vous.

DE LA BAIE DE SOMME AU JURA

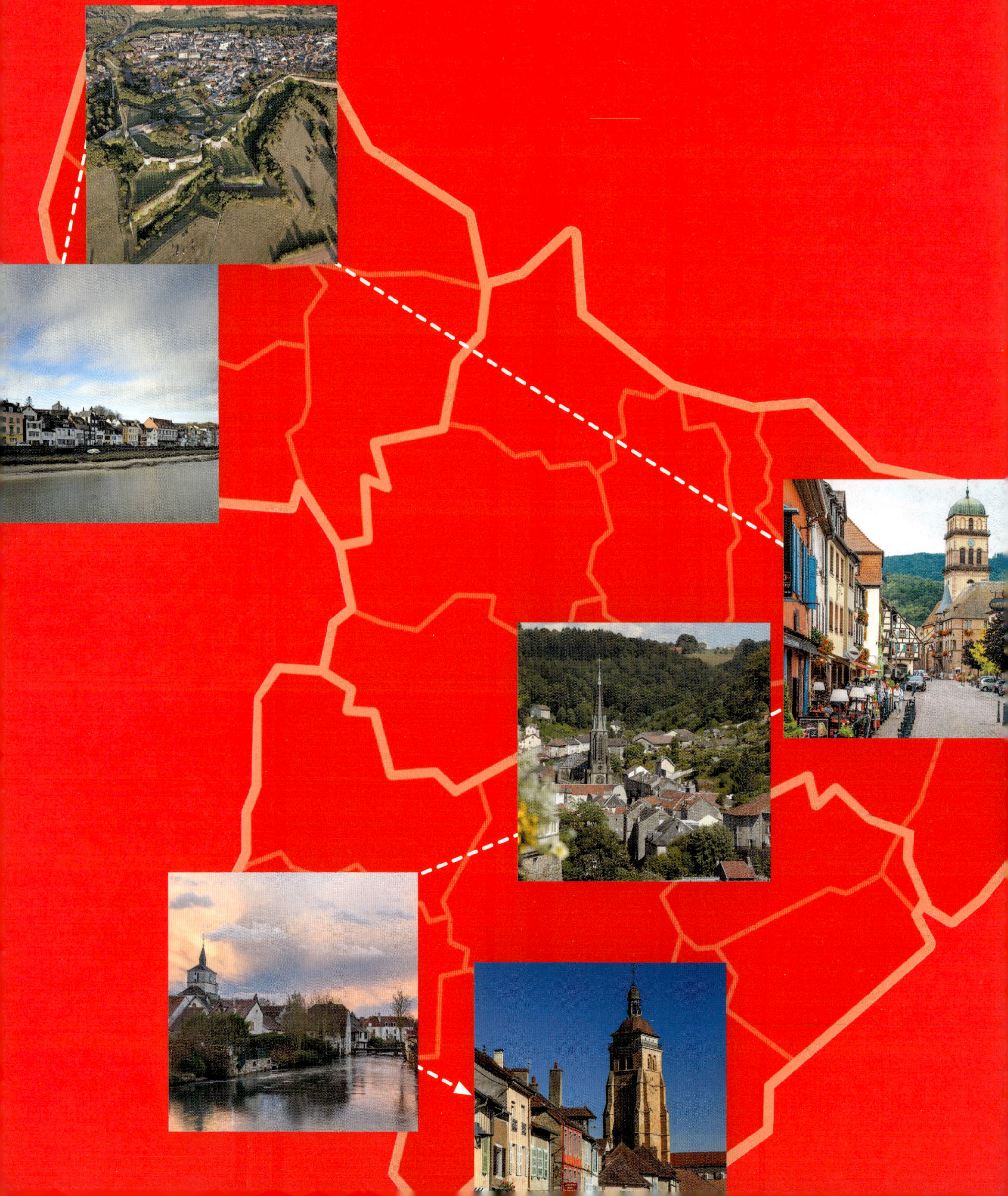

EN PASSANT PAR LES VOSGES

Saint-Valery-sur-Somme

RÉGION HAUTS-DE-FRANCE

Département de la Somme

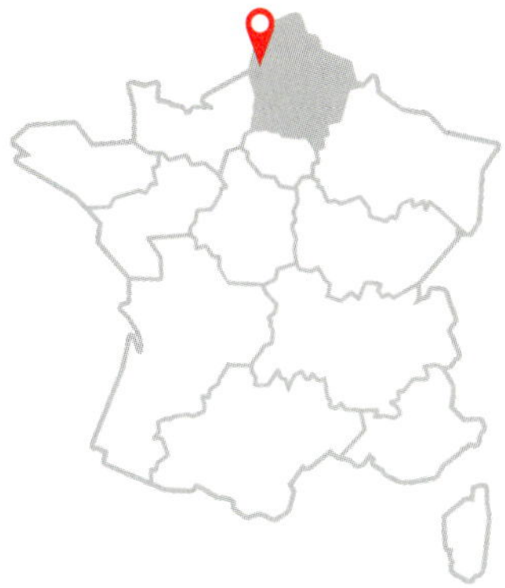

« LA STAR DE LA BAIE DE SOMME »

Situé dans la baie de Somme, Saint-Valery-sur-Somme est une destination privilégiée de la côte picarde. À la fois village médiéval et village de pêcheurs, la capitale du Vimeu a su conserver un patrimoine riche et intact. Dans « la ville haute », les souvenirs historiques se découvrent au fil des ruelles pavées et fleuries. Guillaume le Conquérant et Jeanne d'Arc ont marqué les lieux de leur empreinte. Au cœur de la vieille cité, l'incroyable Herbarium, un jardin clos médiéval aux mille plantes, vaut le détour. La « ville basse », autrefois port de pêche, abrite aujourd'hui des bateaux de plaisance. Le quartier des marins, le « Courtgain», a, lui, gardé son charme pittoresque avec ses minuscules maisons colorées ! Impossible de quitter Saint-Valery-sur-Somme sans goûter au gâteau battu, véritable institution dans le village.

UN MONDE DE PÊCHEURS

Face à l'embouchure de la baie, nous voici au bord de l'eau, dans un village pittoresque et préservé. C'est aussi une destination devenue chic et réputée de la côte picarde. Il reste malgré tout un charmant quartier de pêcheurs appelé le Courtgain. On y croise encore des pêcheurs de père en fils. Voire même des petit-fils ! Pour accéder à ce quartier, il faut s'aventurer dans les minuscules venelles qui permettent au pêcheur de descendre directement à son bateau depuis chez lui. Mais au fait ? Le Courtgain, ça veut dire quoi ? Cela signifie tout simplement qu'à l'époque, les pêcheurs gagnaient très peu, tout

juste de quoi survivre. Quelques rues, de charmantes maisonnettes peintes aux couleurs des bateaux s'offrent à nous. Rien ne semble avoir bougé depuis des lustres, même si la plupart des descendants de pêcheurs qui vivent ici ont changé d'activité. Les maisons de pêcheurs étaient vraiment très petites. On vivait souvent à plusieurs dans une même pièce. L'ambiance y était pour autant particulièrement chaleureuse. Si le confort n'était pas extrême, les familles étaient plutôt heureuses. Pour preuves les joyeux ornements, qui ne manquaient pas d'humour, que l'on peut apercevoir sur les façades des maisons. On trouve ici un sujet, là une petite décoration marine, tout ceci restait bon enfant. Les nostalgiques de la bonne époque remarquent que l'odeur de la pêche domine encore... Pour terminer de visiter le Courtgain, il faut impérativement grimper au calvaire des marins. La vue sur la baie y est imprenable et absolument unique. Bon nombre d'enfants de pêcheurs, de femmes et de familles s'y dirigeaient pour voir arriver les bateaux de leurs enfants, de leurs maris... Le flot arrivait, la mer montait depuis l'embouchure de la baie de Somme, avec la pointe du Hourdel en ligne de mire. Un moment intense de l'histoire des familles de Saint-Valery-sur-Somme. Aujourd'hui, la pêche à la crevette grise, appelée aussi sauterelle, attire de moins en moins. Certains capitaines de navire se sont même reconvertis en guide touristique.

Le quartier des pêcheurs et les colonies de phoques font désormais la renommée du village. C'est ici, au large, sur les bancs de sable, que ces derniers offrent un spectacle quotidien aux visiteurs.

HÉROS EN TOUS GENRES

À Saint-Valery-sur-Somme, il est indispensable de partir en mer. Cette balade sur l'eau permet de découvrir l'autre trésor de la baie : la plus importante colonie de phoques d'Europe. Leur apparition reste toujours magique pour les visiteurs ! Les phoques gris, les plus gros, peuvent atteindre 200 à 250 kilos. Profitant de l'ensablement de la baie, ils sont ainsi des centaines à se regrouper sur les bancs qui agissent comme des refuges naturels. Et ils ne sont pas farouches pour deux sous. Ils nous offrent même un spectacle inoubliable.
Les autres héros de la ville ont des noms assez connus : Guillaume le Conquérant ou encore Jeanne d'Arc. Rendons-nous dans le haut de la ville, dans la partie médiévale, avec sa belle église en damier de galet et sa porte du Haut, les vestiges des remparts, la porte de Nevers, et ses deux tours qui furent les témoins du passage de l'histoire. C'est en effet d'ici que Guillaume le Conquérant entreprend en 1066 de partir à la conquête de l'Angleterre. Ici aussi que le 20 décembre 1430, Jeanne d'Arc, prisonnière des Bourguignons, est enfermée au Crotoy dans un

LE GRAND BLEU

château-fort. Mais suite à un ordre de mission, elle traverse la baie de Somme sur un petit bateau. Elle échoue quelque part en contrebas de la ville de Saint-Valery-sur-Somme, où l'attend alors une escouade de soldats anglais pour l'emmener vers Rouen où elle sera jugée et brûlée en mai 1431...

L'autre héros du village, c'est le gâteau battu, la spécialité locale. Farine, œufs, sucre, beurre et levure, voilà les éléments essentiels de cette recette, qui a tout du « cake d'amour » du film *Peau d'âne* de Jacques Demy avec Catherine Deneuve. Après une heure de repos, ils sont mis au four, et enfin prêts à être dégustés. Pas d'inquiétude toutefois, si certains trouvent la gourmandise un peu riche : il est possible d'emprunter le petit train des chemins de fer de la Somme pour faire une balade digestive. Cette ligne reliait Le Crotoy, Noyelles, Saint-Valery donc et Cayeux. Plutôt bienvenue, et très rafraîchissante.

Le coup de cœur de Stéphane Bern

L'ÉGLISE SAINT-MARTIN. Dans la partie haute de la ville, l'église Saint-Martin est remarquable avec son décor en damier, réalisé à partir de silex noir et de grès. Elle reste incroyable aussi grâce à la présence des ex-voto en forme de bateaux, mais surtout par sa double nef, son double chœur et son double autel. Étrange impression de voir double dans cette belle église gothique !

À ne pas manquer

- Le quartier de Courtgain
- Le quartier médiéval et l'église Saint-Martin
- Balade en mer, à la découverte des phoques
- Le gâteau battu
- Le petit train des chemins de fer de la Somme

Se renseigner

– Office de tourisme de la baie de Somme
2, place Guillaume-Le-Conquérant
80 230 Saint-Valery-sur-Somme
Tel 03 22 60 93 50
www.tourisme-baiedesomme.fr

Montreuil-sur-Mer

RÉGION HAUTS-DE-FRANCE

Département du Pas-de-Calais

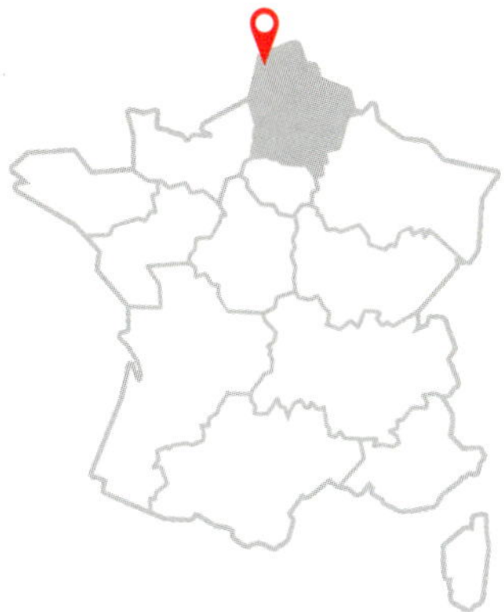

« LA CARCASSONNE DU NORD »

Contrairement à ce que pourrait faire croire son nom, Montreuil-sur-Mer se situe à plus de 10 km de la côte ! Ce village a pourtant été un important port jusqu'au début du Moyen Âge. Plus de port aujourd'hui, mais 3 km de remparts qui confèrent à l'endroit tout son charme. Installée sur un promontoire, surplombant la vallée de la Canche, cette cité authentique et de caractère renferme un château, une abbatiale, un hôtel Dieu, ainsi que de charmantes ruelles et venelles parcourues de maisons à pans de bois. Elle a même été surnommée « le petit faubourg Saint-Germain » par Victor Hugo, qui a fait de Montreuil-sur-Mer le théâtre d'une partie de son célébrissime roman *Les Misérables*.

UNE VILLE PLEINE D'HISTOIRES

Montreuil-sur-Mer a servi de décor à Victor Hugo pour son fameux ouvrage des Misérables. *Des scènes du film y furent même tournées.*

Notre balade nous amène dans cette ville de Montreuil-sur-Mer, nichée étrangement... dans les terres. Dans ce village des Hauts-de-France, le décor change d'une ruelle à l'autre. Ici, un quartier coloré aux adorables petites maisons ouvrières. Là, de remarquables hôtels particuliers du XVIIIe siècle. Le tout entouré d'imposants remparts du Moyen Âge. Mais la première chose à voir quand on arrive à Montreuil-sur-Mer, c'est la fameuse rue Clape-Bas, et ses demeures colorées transformées en échoppes. Un endroit aujourd'hui très prisé mais qui n'a pas toujours eu la cote. Ces petites maisons étaient celles des artisans potiers. On est juste au bord des remparts et il fallait protéger les belles demeures et les beaux hôtels particuliers. Donc les plus « misérables » se trouvaient le plus exposés aux attaques ennemis. « Misérables ». Un mot, étrangement, qui a fait la renommée de la cité médiévale. En effet, c'est ici, en 1837, que Victor Hugo s'arrête au Relais du Roy. Il s'inspirera de la servante meurtrie pour créer son personnage de Cosette. Mieux : dans la rue de la Cavée Saint-Firmin, une ruelle aux vieux pavés, qui remonte vers le centre, Victor Hugo situe une scène clé de son roman. Il raconte comment

monsieur Madeleine tombe sur un accident terrible et trouve le père Fauchelevent écrasé par sa charrette. Monsieur Madeleine vient au secours de ce brave homme en soulevant cette charrette. C'est alors qu'on découvre que monsieur Madeleine n'est autre que Jean Valjean, forçat évadé, grâce au redoutable inspecteur Javert. Et toute la suite des *Misérables* découle de cet épisode... Quand, en 1925, l'adaptation des *Misérables* au cinéma a été tournée, une partie du tournage a même eu lieu dans cette rue. Poursuivons notre promenade dans la vieille ville, avec l'abbatiale Saint-Saulve. Superbe nef et porche avec une statue d'origine du XVe siècle. On reprend notre souffle sur la place du Général-de-Gaulle aux dimensions spectaculaires.

À LA GUERRE COMME À LA GUERRE

L'abbatiale Saint-Saulve, qui s'élève sur les vestiges de nombreuses abbayes détruites puis reconstruites, recèle aujourd'hui de nombreux trésors d'art sacré.

Montreuil-sur-Mer est aussi riche de son patrimoine militaire et guerrier. Empruntons le chemin de ronde, sur près de 3 km, avec prise directe sur la vallée de la Canche. Au Moyen Âge, la mer pouvait rentrer jusqu'à Montreuil. Les bateaux pénétraient dans un port, d'où son nom « Montreuil-sur-Mer ». Ce site était très important pour le roi de France. Il lui fallait défendre sa ville et donc construire un château royal, transformé plus tard en citadelle. Il faut remonter au XIIIe siècle pour que Philippe Auguste érige une première forteresse royale. Elle sera modernisée par la suite par Charles IX qui ajoute cinq bastions en forme d'étoile. Le nec plus ultra des systèmes défensifs de l'époque !
À Montreuil-sur-Mer, on peut encore utiliser les armes de guerre d'antan. Rendez-vous est pris au pied d'une catapulte, manipulée autrefois par les femmes quand les hommes étaient sur les champs de bataille ou au pied des fortifications. Il s'agissait d'une bricole, « bricolée » à la va-vite pour propulser des boulets, des pierres ou tout autre projectile. Le sergent d'armes donnait les ordres, il fallait descendre le mât (ou la verge, selon les termes du Moyen Âge), faire effet de balancier avec un contrepoids et compter jusqu'à trois avant de laisser partir la masse qui avait une portée de 80 mètres. On pouvait alors lancer une masse... par minute ! De quoi faire de sacrés dégâts. Avec l'arrivée des canons, ces armes ont disparu, mais l'expression « s'attirer des bricoles » pour désigner les soucis est restée. Les boulets ne servent plus comme projectiles désormais. Ils servent au jeu de quilles à neuf. La boule est en hêtre, remplie de clous. Chacune pèse 12 kg pour 4 kg de clous ! La seule règle qui vaille à ce jeu est celle de la bonne humeur ! Et pour cela, Montreuil-sur-Mer n'est pas en reste.

APRÈS L'EFFORT, LE RÉCONFORT DES PAPILLES

À quelques pas, à La Madelaine-sous-Montreuil, La Grenouillère est un endroit unique, où Alexandre Gauthier a su perpétuer la tradition familiale et gastronomique dans une ferme picarde. Tout se passe ou presque autour de la grande hotte centrale du restaurant. Ici on déguste notamment des... grenouilles, qui vivent dans les marais environnants. Le chef sait comme personne surprendre ses convives. Il cueille ici de la pimprenelle, là de la menthe, et agrémente avec ces herbes la cuisson de ses batraciens préférés. Un pur délice ! À tel point que les clients, ravis, offrent des figurines de grenouille en cadeau aux propriétaires des lieux. Il y en a même qui viennent du Mexique !

Le coup de cœur de Stéphane Bern

LA CHAPELLE DE L'HÔTEL-DIEU. Sur la place Gambetta, presque en face de l'abbatiale, se trouve cette chapelle érigée en pierre de taille, contrairement aux édifices de la région en grès, craie ou silex, par Clovis Normand en 1875, dans un style néogothique. À cet endroit avait été construit l'Hôtel-Dieu, fondé en 1200 par Gauthier de Maintenay, autrefois seigneur de Montreuil, afin d'accueillir malades et pèlerins. Ne subsiste aujourd'hui que le portail flamboyant de la chapelle d'antan. L'ensemble est remarquablement entretenu, notamment grâce au soutien et à l'aide des travaux de sauvegarde du patrimoine organisés par des partisans de Viollet-le-Duc. Aucun culte n'y est aujourd'hui célébré.

À ne pas manquer
- La rue Clape-Bas
- La rue de la Cavée Saint-Firmin
- Balade sur les remparts
- L'abbatiale Saint-Saulve
- La citadelle

Se renseigner
- Office de tourisme de Montreuil-sur-Mer
21, rue Carnot
62 170 Montreuil-sur-Mer
Tel 03 21 06 04 27
www.tourisme-montreuillois.com

CHAMBARD
PRESSE
OSEZ

Kaysersberg

RÉGION GRAND EST

Département du Haut-Rhin

« LE VILLAGE ARC-EN-CIEL AU PRIX NOBEL »

Situé non loin de Colmar, sur la route des vins d'Alsace, le village de Kaysersberg possède un charme fou. Son très beau centre historique, ses oriels d'angle, ses nombreuses maisons à colombage fleuries de géraniums en font une étape incontournable de l'Alsace. La rivière Weiss sépare le village en deux quartiers, reliés par un magnifique pont fortifié. Un château médiéval construit entre le XIIIe et le XVIe siècle surplombe le village et offre un point de vue imprenable. Au cœur de Kaysersberg, une maison attire les regards, il s'agit de la maison natale du célèbre docteur Albert Schweitzer, détenteur du prix Nobel de la paix. Les nombreux artisans, qui habitent le village, attirent toujours plus de curieux en quête du célèbre savoir-faire alsacien.

À L'OMBRE DU CHÂTEAU ET DE L'ÉGLISE

Derrière les montagnes vosgiennes entourées de vignobles, se cache le village de Kaysersberg. Des maisons à colombage, des géraniums, des couleurs chatoyantes, une cigogne au-dessus des tuiles, pas de doute : nous sommes bien en Alsace dans la région Grand Est. Dès notre arrivée, nous sommes éblouis par le lieu emblématique de la cité : le château impérial, construit par l'empereur Frédéric II du Saint-Empire germanique. D'ailleurs, on y apprend que « Kaysersberg » signifie « la montagne de l'empereur ». Il a donc donné son nom au village tout entier ! Le donjon circulaire s'élève à 40 m. L'un des plus anciens de la région. Du sommet, on embrasse du regard tout le village, avec les vignobles et les montagnes environnantes. On mesure aussi là-haut l'intérêt stratégique qu'il représentait alors.
Autre endroit éminemment important : l'église Sainte-Croix en grès rose avec son toit de cuivre, en plein cœur du village, donnant sur une délicieuse petite place avec sa fontaine. On lève les yeux, ébahis, devant son portail roman sculpté du XIIIe siècle. À l'intérieur, le Christ qui domine le visiteur dès l'entrée, du haut de sa poutre de gloire longue de 4 m 10, termine de nous impressionner. Splendide !
À l'arrière de l'édifice, ne pas manquer le cimetière mémorial de la Première Armée, où toutes les confessions ou presque sont représentées. Terriblement émouvant !

INRI

UN CENTRE-VILLE HAUT EN COULEURS

Si Kaysersberg accueille plus de 700 000 touristes par an, cela tient au fait que le village a su préserver sa richesse architecturale très colorée. Rouge, bleu, jaune, un vrai arc-en-ciel alsacien ! Notons aussi le travail délicat des colombages. Certains recèlent même des petits cœurs sur les volets des fenêtres. Cette tradition originale rappelle qu'il s'agissait d'un signe donné à l'extérieur : une jeune femme dans cette demeure était un cœur... à prendre ! D'autres décorations sont affichées aux façades des maisons, des angelots, des fleurs, des nains de jardin, il y en a pour tous les goûts. Ne manquez pas de passer sur le pont fortifié qui a permis d'éviter que les envahisseurs arrivent par la Weiss, la rivière qui sépare la ville en deux. Ce pont est une vraie fierté pour les habitants ! Aujourd'hui, c'est un point de vue charmant sur les maisons à colombage. L'occasion de constater qu'elles sont bien habitées, et qu'il ne s'agit pas de maisons de poupées !

CIC

UNE CITÉ GOURMANDE

Au gré des déambulations dans Kaysersberg, si l'odeur de sucre et de biscuit vient vous chatouiller les narines, c'est tout à fait normal ! Mieux : vous êtes sans aucun doute devant la biscuiterie. L'occasion de goûter les biscuits à la cannelle, ceux fourrés à la confiture de framboise, ou encore des petits beurres. Autre adresse incontournable de la ville : le Chambard. Le chef doublement étoilé nous concocte sa recette du baeckeoffe, recette 100% alsacienne. Il s'agit de faire une potée avec des carottes, de l'oignon, de l'ail, du poireau, et trois sortes de viandes : échine de porc, paleron de bœuf et agneau. Pour la marinade, Olivier, le chef du Chambard, ajoute du riesling, un vin un peu sec, récolté au-dessus du château de Kaysersberg. Ensuite, le plat est scellé par une pâte à pain autour du couvercle. C'était autrefois une technique pour s'assurer que le boulanger à qui l'on confiait la cuisson de son baeckeoffe ne dérobe pas la viande ! Une fois la cuisson terminée, il est temps de passer à table et de se réunir pour goûter ce plat typique de la région.

Le coup de cœur de Stéphane Bern

LE MUSÉE ALBERT SCHWEITZER. C'est l'occasion de pénétrer et visiter la maison du prix Nobel de la paix 1952. Ce médecin qui avait aussi bien été diplômé de théologie que de philosophie parlait plusieurs langues. Il a fait le choix d'aller construire un hôpital au Gabon où il repose aujourd'hui. Lui, grand cousin de Jean-Paul Sartre, vivait chichement au vu de son intérieur qu'il nous est aujourd'hui permis d'apprécier. Un lieu de vie sage où il fait bon méditer.

À ne pas manquer

- Le pont fortifié
- Le donjon du château impérial
- L'église Sainte-Croix
- Le restaurant Le Chambard
- Le musée Albert Schweitzer

Se renseigner

– Office de tourisme
39, rue du Général-de-Gaulle
68 240 Kaysersberg
Tel 03 89 78 22 78
www.kaysersberg.com

Plombières-les-Bains

RÉGION GRAND EST

Département des Vosges

« LE VILLAGE THERMAL AUX MILLE BALCONS »

Située dans les Vosges méridionales, Plombières-les-Bains charme le visiteur par l'atmosphère intacte de ses ruelles, son riche patrimoine et la sérénité de ses jardins en terrasses. Lors de votre visite, pensez à lever les yeux au ciel pour contempler les superbes ferronneries d'art du XVIIIe siècle qui ornent la « ville aux mille balcons ». Mais, si de nombreuses personnalités illustres se sont laissées séduire par ce village, comme Voltaire, Beaumarchais, Louis XV ou encore Alfred de Musset, ce sont surtout ses 27 sources aux températures variant entre 57 et 84°C, qui ont fait de Plombières-les-Bains un haut lieu du thermalisme ! D'abord exploitées par les Romains, elles attirèrent beaucoup plus tard l'attention de Napoléon III qui y a fait construire des thermes uniques encore visibles aujourd'hui. Véritable cathédrale construite en pierre de taille, ils témoignent de la splendeur du Second Empire.

DU MONDE AU BALCON

Plombières-les-Bains paraît blottie dans cette vallée au milieu des sapins des Vosges, avec un centre-ville où les escaliers de pierre jouent de leur charme indéniable, longés par des jardins fleuris. Mais Plombières, ce sont surtout ses maisons et le millier de balcons ouvragés, construits pour que la bourgeoisie d'antan et la noblesse puissent voir et... être vues ! Montaigne à l'Hôtellerie de l'Ange, Voltaire, Berlioz ou encore Joséphine de Beauharnais ont succombé aux charmes de cette cité thermale. Joséphine faillit même se blesser grièvement après une chute depuis le balcon de l'hôtel Résal ! Rappelons-nous que les balcons étaient en bois à l'époque. Sous le poids de ces amis et elle réunis, la rambarde céda. Heureusement, un colonel cuirassé passait en dessous et put la sauver.
Dans tous les cas, et ce depuis plus de 2 000 ans, les grands de ce monde se promènent sur cette place des bains romains. Mais ils s'attardent aussi au-dessous ! C'est là, dans cette étuve près de la rue Stanislas que les soldats de Rome, comme les consuls, les têtes couronnées ou les personnalités, venaient reprendre des forces sur les gradins en grès des thermes qui ont fait la renommée de la cité. L'expression « repos du guerrier » n'a jamais trouvé aussi bien son sens qu'ici !

LA PAVILLON DES PRINCES

Ce pavillon du passage des Capucins, construit en 1815, est une simple demeure de 8 fenêtres en façade, avec une avancée de balcons – naturellement ! –, qui était autrefois la demeure de villégiature du préfet des Vosges. Elle a permis d'accueillir, entre autres célébrités, Alfred de Vigny, mais aussi la duchesse d'Angoulême, la fille de Louis XVI ou encore la belle-fille du roi Louis-Philippe. C'est aussi à cet endroit qu'a eu lieu la fameuse rencontre entre Cavour et Napoléon III le 21 juillet 1858 quand l'unité italienne fut scellée ici même à Plombières et son rattachement à la France acté. Les lieux abritent désormais les bureaux de la compagnie thermale de Plombières.

DES THERMES MILLÉNAIRES

Les thermes de Plombières fonctionnent encore de nos jours. Plus que jamais même ! Le « bain national » a été construit au début du XIXe siècle à l'emplacement de l'ancien couvent des Capucins. Les eaux émergentes aux propriétés laxatives varient de 54 à 84 °C. Attention à ne pas trop en abuser quand même ! Qu'on se rassure, elles sont bien plus fraîches à l'étonnante buvette, toujours en libre accès pour les curistes mais aussi les visiteurs.
Les Thermes Napoléon, quant à eux, ont été bâtis à partir de 1857, par Napoléon III. Il venait y soigner ses rhumatismes. La construction de l'édifice est toute à son image : impériale ! L'écho de nos voix témoigne de la majesté des lieux qui puisent leur inspiration dans les thermes de Caracalla. Plus de 3 500 curistes profitent de ce cadre unique chaque année pour se ressourcer sous le regard bienveillant de l'empereur.

TERRE DES MÉTIERS D'ART

Dans le même quartier des thermes, impossible de manquer la rue Stanislas, avec sa multitude de petites places, mais aussi la rue Liétard, dédiée aux métiers d'art et aux antiquaires. L'endroit parfait pour chiner quelques pièces en pâte de verre, typiques de la région, et qui, avec leurs couleurs chatoyantes, apportent des éclairages uniques. L'art du luminaire et le travail du verre sont reconnus ici depuis le Moyen Âge, un savoir-faire qui s'est développé au XVIe siècle, et qui se poursuit encore. Dirigez-vous aussi au Clos des Deux Augustins (ancien hôpital thermal) entre l'église et la mairie où vous découvrirez une intéressante galerie des antiquaires et des métiers d'art.

Un des plus vastes établissements édifiés par les Romains. Montaigne, l'impératrice Joséphine de Beauharnais, Alfred de Musset, Berlioz et tant d'autres viendront y soigner leur maux. Mais le plus assidu fut Napoléon III.

LA FAMEUSE GLACE PLOMBIÈRES

Une autre tradition perdure un peu à l'écart du centre-ville. C'est ici que la famille Bilger, dans l'Hôtel de la Fontaine Stanislas, fabrique depuis quatre générations l'authentique glace Plombières, une crème glacée avec ses fruits confits macérés dans du kirsch. L'origine de ce dessert date de la fin du XVIIIe siècle, quand, en 1798, Tortoni, pâtissier de son état, servait à Paris un entremets aux œufs, glacé, avec des fruits confits dans un plat en... plomb. D'où son nom ! C'est Napoléon III plus tard qui importa la glace plombière, à Plombières – qui gagna un « s » au passage, mais pas seulement. La petite histoire retient qu'un cuisinier ajouta du kirsch, alcool local, pour rattraper sa crème. Ce qui donna alors ce goût inimitable ! Chaque glacier transmet aujourd'hui, non sans fierté, sa recette aux futures générations, pour perpétuer la tradition. Et pour notre plus grand plaisir, évidemment !

Le coup de cœur de Stéphane Bern

LA « BUVETTE THERMALE ». Une véritable curiosité de style Art déco ! Située à l'intérieur du « bain national », cette étonnante buvette est une magnifique fontaine de distribution des sources thermales. En son centre se trouve une colonne lumineuse, sur un socle orné d'une mosaïque dorée, d'où coulent trois sources. Approchez-vous, prenez un verre et goûtez l'eau chaude et astringente de la source des Dames, celle tiède et laxative de la source des Savonneuses pour finir par la source Alliot avec son eau froide et peu minéralisée.

À ne pas manquer

- Le bain national
- La buvette thermale
- La rue Stanislas
- La rue Liétard
- Le pavillon des Princes

Se renseigner

– Office de tourisme des Vosges méridionales
Place Maurice-Janot
88 370 Plombières-les-Bains
Tel 03 29 66 01 30
www.vosgesmeridionales.com

Bèze

RÉGION BOURGOGNE-FRANCHE-COMTÉ

Département de la Côte-d'Or

« LA FONTAINE DE JOUVENCE AUX EAUX TURQUOISES »

Au cœur de la région Bourgogne-Franche-Comté, découvrez Bèze, petit village bourguignon au charme médiéval indéniable ! Ses jolies maisons datant du XIIIe siècle, ses nombreux lavoirs et son école monastique témoignent de son prestigieux passé. Son abbaye bénédictine, l'une des plus anciennes de la région, était considérée comme un lieu de paix où les princes féodaux se rencontraient pour régler pacifiquement leurs conflits. Désormais, c'est l'étonnant parc à l'anglaise du XIXe qui attire les visiteurs au monastère ! Construit autour d'une source vauclusienne, Bèze doit sa renommée à ses incroyables grottes aux eaux turquoises. Un lieu majestueux que les villageois ne se lassent pas de visiter, émerveillés par le somptueux jeu de lumière ! L'eau est définitivement l'élément roi du village !

ET AU MILIEU COULE UNE RIVIÈRE

Le village de Bèze, bordé par les champs de colza, des maisons aux toits de lauze, regroupées autour de l'église Saint-Rémi, existe depuis l'Antiquité. Son nom, plutôt équivoque, signifie en celte « Rivière à sa source ». Voilà le vrai trésor de Béze. Et les Bézois en sont fiers ! Comme de leur patrimoine bâti, absolument remarquable. C'est non sans émotion qu'on s'arrête devant la plus vieille maison du village, du XIIIe siècle, à côté de la rivière, là précisément où les Bézois autrefois entreposaient leur blé et autres grains.
Toujours le long de l'eau, un autre endroit suscite l'intérêt des visiteurs. Et l'on comprend pourquoi ! Voici l'abbaye bénédictine Saint-Pierre, toute en longueur, enfouie sous la verdure et la glycine. Somptueux ! C'est ici que les moines se sont installés vers 630. Derrière ces deux immenses bâtiments, qui datent en majeure partie du XVIIIe siècle, aujourd'hui propriété privée, on trouve un des plus beaux lavoirs de Bourgogne. Certains y voient même l'âme du village. À y voir de plus près, ce lavoir a été édifié au XIXe siècle de façon semi-circulaire et accolé à une tourelle. Pour le moins original ! Le jardin environnant recèle plus de 200 variétés de roses anciennes. C'est aussi un endroit terriblement serein ! On y entend les oiseaux chanter, et on admire au passage les cygnes qui majestueusement circulent sur l'eau aux reflets dorés.

La rivière aux eaux turquoise est l'âme de ce paisible village. Chacun aime s'y promener alentour.

Explorez les grottes de Bèze à pied ou en barque et profitez de ce spectacle féérique.

TRÉSORS SOUTERRAINS

Les grottes de Béze, à 45 m sous terre, réservent aussi des surprises de taille aux promeneurs de passage. La plus grande pièce connue des visiteurs jusqu'au XXe siècle a permis de découvrir d'autres merveilles souterraines... par hasard ! Des spéléologues dijonnais, alors en repérage vers 1950, ont remarqué en s'allumant une cigarette que la fumée s'échappait vers des petites fissures au fond de la grotte. De quoi laisser croire que d'autres cavités étaient cachées derrière la plus grande... Une déduction qui a permis à ces spéléologues, avec l'aide d'habitants, de creuser encore et de dénicher cette rivière souterraine, la seule navigable de Bourgogne. Un somptueux décor de 300 m de long, absolument incroyable, où le bruit métallique de l'eau se mélange à la douceur de la pierre, le tout éclairé par des lumières pures. Essayons juste d'imaginer la surprise des spéléologues la première fois qu'ils ont découvert ce trésor souterrain. Certaines zones sont difficiles d'accès, il n'est pas rare de devoir tirer la barque à l'aide d'une corde tendue. L'eau passe encore par les fissures, des stalactites se sont formées le long des parois. On croirait presque par endroits à une œuvre cousue main. À d'autres, ce sont des sculptures minérales naturelles éblouissantes qui apparaissent. Elles nous feraient presque chavirer, au propre comme au figuré ! Certaines stalactites rejoignent même des stalagmites pour créer des œuvres d'un seul tenant réellement surprenantes, d'une circonférence d'environ 2 m 50. Près de 22 000 touristes chaque année font le déplacement pour admirer ces beautés millénaires.

UN ARTISANAT PRÉSERVÉ

Préserver les merveilles de la nature, mais aussi celles de l'artisanat local, tel semble bien être la mission de Bèze. Danièle, québécoise d'origine, a élu domicile dans le village, avec son tour de potier, notamment pour profiter de la présence de l'eau et de la douceur de vivre bucolique. Danièle donne désormais des cours de poterie. Et toutes ses astuces avec ! Il suffit de monter un petit cône de terre, de placer ses deux mains de part et d'autre et de façonner l'objet désiré grâce à des gestes qui ne souffrent pas l'hésitation. Un vrai coup à prendre ! Certains préféreront apprécier un artisanat tout autre : celui mis en avant par l'ancien curé du village de 1910 à 1924, le chanoine...

Kir, qui donnera son nom à cet apéritif qu'il aimait tant. Le nom est resté. Aujourd'hui, c'est Michel, l'aubergiste de Bèze, qui perpétue la tradition et qui donne de précieux conseils. Pour réaliser un bon kir, il faut 1/5 d'une liqueur de cassis d'au moins 18° et 4/5 de bourgogne aligoté ou de chardonnay. Aussi simple que cela. À consommer bien frais. Et avec modération, naturellement !

Après la visite du château, prolongez la promenade dans le parc aux platanes bicentenaires.

UNE BELLE PROMENADE

À quelques encablures de Bèze (23 km), arrêtez-vous à Talmay, ne serait-ce que pour son château du XVIIIe siècle, avec son donjon, hérité, lui, du XIIe siècle. Splendides jardins à la française. Talmay est aussi connu pour être le village de naissance d'une certaine... Madame Sans-Gêne ! Pas celle de Victorien Sardou, mais la vraie, Thérèse Figueur de Talmay, femme-soldat qui participa aux campagnes de 1794 et 1814. Un parcours de femme hors du commun !

Le coup de cœur de Stéphane Bern

LE LAVOIR DES SŒURS. La légende raconte que les moines de l'abbaye auraient créé ce lavoir pour retrouver la paix. En effet, le bruit des battoirs et le bavardage des lavandières qui travaillaient pour eux troublaient leurs prières. Adossé à la tour d'Oysel, le lavoir des sœurs est construit en demi-cercle. Vous pourrez y admirer une magnifique charpente en chêne à six fermes rayonnantes. Depuis leur plus tendre enfance, les Bézois viennent y prendre la pose. Un avant-goût du paradis, assurément !

À ne pas manquer

- L'abbaye Saint-Pierre et son lavoir
- L'église Saint-Rémi
- Les grottes

Se renseigner

- Office de tourisme
1 bis, rue des Moulins
21310 Mirebeau-sur-Bèze
Tel 03 80 36 76 17
www.tourisme-mirebelloisetfontenois.fr

Arbois

RÉGION BOURGOGNE-FRANCHE-COMTÉ

Département du Jura

« LA CAPITALE DES VINS DU JURA »

Inscrit dans un décor de vignoble et de pierre ocre jaune, Arbois séduit par sa douceur de vivre. Ici, pas de grandes artères ni de monuments prestigieux, mais une place de charme rythmée d'arcades où les maisons vigneronnes côtoient les hôtels particuliers. C'est au fil de la rivière, la Cuisance, que s'étirent les remparts du village, renfermant la tour Gloriette, l'église Saint-Just du XIIe siècle ou encore la demeure familiale de Louis Pasteur, un nom intimement lié au village. À noter qu'Arbois est la capitale des vins du Jura, dont le fameux et mystérieux vin jaune.

DES VIGNES ET DE L'EAU

Petite cité comtoise de caractère, *Arbois tient sa richesse de ses vignes, mais aussi, de son impressionnant clocher de pierre ocre qui la domine du haut de ses 56 mètres.*

Dirigeons-nous immédiatement vers les vignes, le trésor d'Arbois, aux portes du village pour une vue d'ensemble. On voit se dessiner devant nous à l'horizon le clocher de l'église, le château et cette pierre à vigne jaune si caractéristique. L'eau est aussi primordiale pour Arbois, notamment celle de la Cuisance, la rivière qui traverse le village. Et quand vient l'été, les Arboisiens filent dans les eaux fraîches de la cascade des Tufs tout près. Rare sont les enfants qui résistent à l'appel de la cascade et des éclats de rire garantis !
Le cœur du village d'Arbois est aussi réputé pour ses arcades majestueuses en pierre ocre et ses maisons de vignerons, dont certaines, splendides, à encorbellement, se mirent dans les eaux de la rivière. Qu'il est bon de flâner dans ces ruelles où l'on décèle immédiatement la prospérité de cette cité authentique et généreuse.

UNE CITÉ DE CARACTÈRE

Découvrons maintenant l'église Saint-Just, le saint patron de la cité, avec son clocher de pierre rousse, culminant à 56 m de hauteur et 209 marches (c'est précis !). Avec sa nef et ses piliers du XIIe siècle, et sa voûte gothique du siècle suivant, elle continue de nous impressionner par-delà les années. Depuis le pont des Capucins, on se rappelle qu'Arbois autrefois était aussi considérée pour ses moulins et ses tanneries. La rivière au Moyen Âge servait de fossé-défense. Arbois était réputée imprenable notamment grâce à sa tour Gloriette, un élément décisif des remparts qui enserraient la ville. Pas moins de quatre rois ont tenté de faire le siège de cette ville. On murait alors les fenêtres, quelques-unes sont restées en l'état après tout ce temps ! Puis, lorsque la paix revenait, on rouvrait les fenêtres... Aussi simple que cela !

L'OR JAUNE

Arbois est incontestablement la capitale du vin jaune, le roi des vins du Jura. La ville a bâti sa renommée sur sa vigne, qui est avant tout un cépage : le savagnien. Ce cépage vieillit pendant plus de six ans. Quand d'autres vins voient leurs tonneaux remplis petit à petit pour ne pas laisser passer l'air, le tonneau du savagnier, lui, est plein dès le départ sans aucun ajout au cours de la fermentation. Un voile de levure se crée à la surface qui le protège et le transforme. Le vieillissement dans ces caves du Jura, sur ces pierres et ce sol, lui donne ses arômes typiques et cette puissance à nulle autre pareille. Un miracle, que dis-je ? une vraie merveille de la nature ! Une merveille qu'on ne cesse de célébrer à travers tout le village. Il suffit pour cela de pénétrer dans cette église Saint-Just pour apercevoir un étrange vitrail... En effet, on y voit des vignerons porter une grappe de raisin énorme à travers la ville d'Arbois. Les historiens locaux nous rappellent qu'il s'agit de la tradition ancestrale du Biou : chaque 1er dimanche de septembre, une grappe de raisin géante de près de cent kilos est portée à travers la cité afin de remercier Dieu pour les premières récoltes des vendanges. Autant un Arboisien pourrait rater la fête de Noël dans son village, autant il ne peut manquer cette célébration ! Le privilège ultime : être l'un des porteurs du Biou. Pour ce faire, être natif d'Arbois, y habiter et... être vigneron. Les porteurs retenus à chaque récolte ont conscience du privilège ici accordé ! Pour terminer la découverte du vignoble, on s'arrête au musée de la Vigne et du Vin du Jura, au cœur du village, dans le château Pécaud. L'idée de ce musée est originale : on circule parmi les vignes autour du château pour comprendre le sujet vaste et savoureux de la vigne jurassienne grâce à un parcours initiatique. On se glisse dans les coulisses de la création de ce vin, à travers des photos et de nombreuses explications, avant de terminer dans les caves. Un moment délectable.

LOUIS PASTEUR, LE CÉLÈBRE NATIF

Une des légendes d'Arbois reste Louis Pasteur, le célèbre inventeur du vaccin contre la rage. Sa maison devenue musée nous invite en toute intimité à redécouvrir son parcours.

Pour profiter de tout le charme d'Arbois, il faut aussi faire une halte au 83, rue de Courcelles. C'est ici qu'un certain Louis Pasteur a grandi dans l'ancienne tannerie de son père, transformée en résidence secondaire. La restauration des lieux a été tellement respectueuse de l'ambiance et de l'histoire de Pasteur qu'on a l'étrange sentiment que le scientifique s'apprête à entrer pour nous parler de ses recherches : les bactéries, ou la fermentation, qu'il étudia directement dans ses vignes, et surtout le vaccin contre la rage qui fit sa renommée. On ne le sait pas assez, mais Louis Pasteur fut appelé à la rescousse en 1863 quand la vigne eut à subir un virus dévastateur. Au rez-de-chaussée de son « château de Cuisance » il recevait, et à l'étage, il vivait et expérimentait, passant de son laboratoire à sa chambre avec une grande facilité. Il était effrayé par les microbes. Pour preuve, les bouteilles de désinfectant *Roger Gallet* encore bien présentes dans les toilettes !

Le coup de cœur de Stéphane Bern

LES CHOCOLATS HIRSINGER. Place de la Liberté, sous les arcades, bienvenue chez un homme passionné et passionnant, Édouard Hirsinger, chocolatier confiseur, et meilleur ouvrier de France. Une passion qui se transmet depuis quatre générations ! Édouard n'aime rien tant que se promener dans les sous-bois environnants d'Arbois pour utiliser les merveilles de la nature dans ses créations. Édouard pense tout simplement que pousse un lingot d'or sous chaque feuille ! À la bonne heure ! Parmi ses créations les plus originales, celle façonnée à base d'aspérule odorante. Édouard la sèche et la mixe pour obtenir une poudre au goût de foin, qu'il mélange à la nougatine, à une mousse de pissenlit et recouvre enfin de chocolat… Un véritable régal !

À ne pas manquer

- L'église Saint-Just
- Le musée de la Vigne et du Vin du Jura
- La maison de Louis Pasteur
- Les chocolats Hirsinger

Se renseigner

- Office de tourisme

17, rue de l'Hôtel de ville
39 600 Arbois
Tel 03 84 66 55 50
www.tourisme.arbois.com

DES RIVAGES NORMANDS À LA VENDÉE

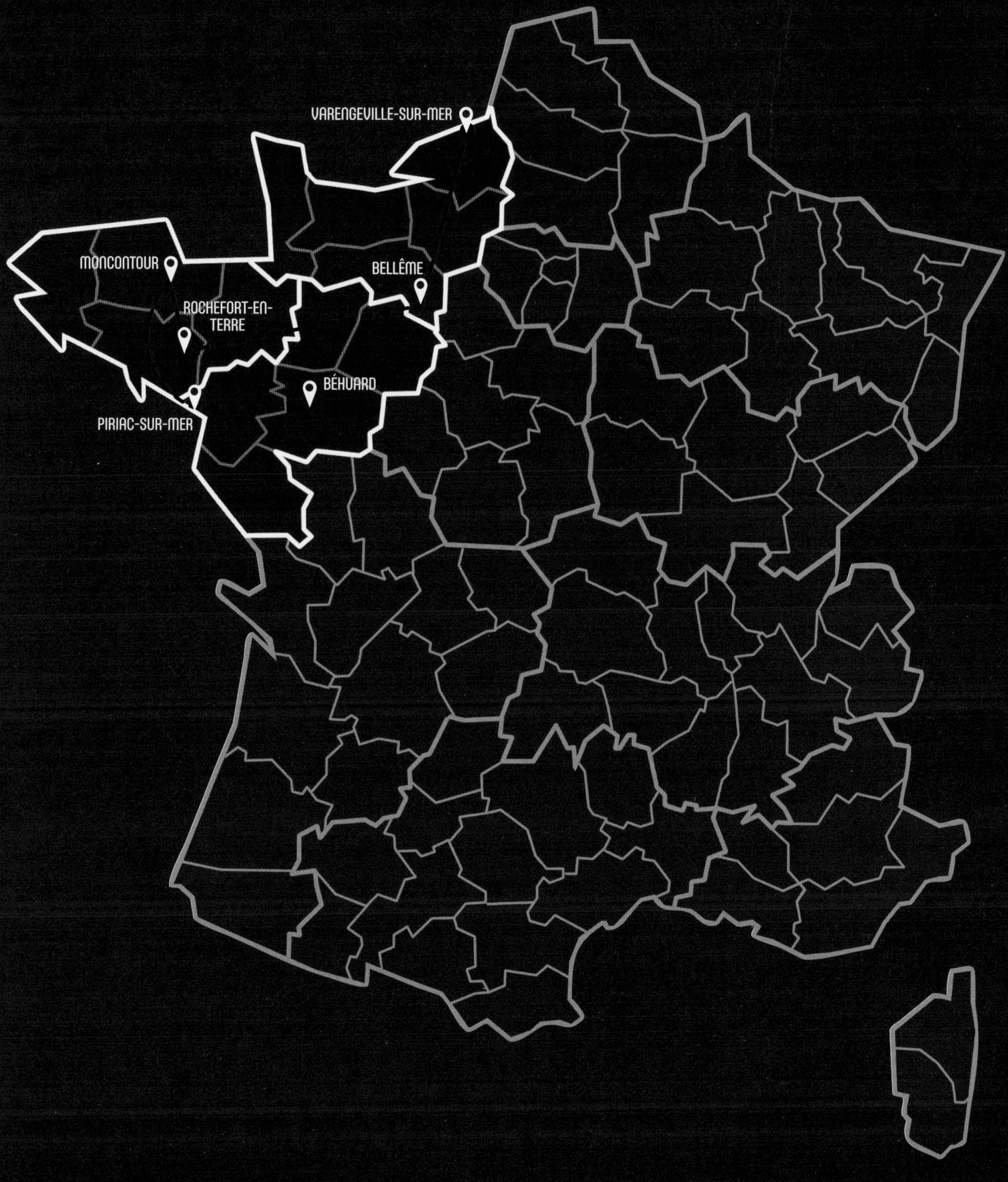

EN PASSANT PAR LA BRETAGNE

L'HUITRIERE

Varengeville-sur-Mer

RÉGION NORMANDIE

Département de la Seine-Maritime

« LE VILLAGE AUX FALAISES VERTIGINEUSES »

À quelques kilomètres de Dieppe, le village de Varengeville-sur-Mer est l'un des lieux les plus envoûtants de la côte d'Albâtre... Un échantillon de pure Normandie qui a séduit de nombreux peintres, musiciens et poètes. On peut citer parmi eux Claude Monet, Louis Aragon, André Breton ou encore Georges Braque. Ce dernier repose dans le cimetière situé au pied de l'église Saint-Valéry dont il a dessiné les vitraux. Cet édifice, qui a fait la réputation du lieu, est perché sur une falaise qu'on pourrait croire taillée par la hache d'un géant, à 80 mètres au-dessus de la mer. Varengeville-sur-Mer, c'est aussi un village jardin parsemé de coquettes maisons de briques et truffé d'imposantes villas que l'on entraperçoit, cachées dans la verdure, au gré de réjouissantes balades pédestres...

UN ATTRAIT ARTISTIQUE

Varengeville, ou « Varenge » pour les intimes, peut se targuer d'avoir attiré sur ses terres les plus grands artistes, qu'ils soient peintres, musiciens ou écrivains. Marcel Proust, Jacques Prévert, Jean Renoir, Claude Monet, Pablo Picasso et même Joan Miró, qui réalisa ici quelques-unes de ses plus belles toiles, intitulées... *Varengeville 1* et *Varengeville 2*. C'est dire si le lieu est propice à la création ! Georges Braque demeure sans doute l'un des artistes les plus connus ayant vécu à Varengeville. Il s'y établit ici de 1929 jusqu'à sa mort en 1963. Tous les visiteurs de la délicieuse petite église du XIIe siècle lui sont reconnaissants en admirant le magnifique vitrail bleu qu'il réalisa, représentant l'arbre de Jessé, arbre généalogique du Christ, planté dans la mer, jusqu'au ciel. Toujours dans l'église, on contemple la double nef, dont l'une est en forme de coque de navire renversée. L'univers marin est omniprésent. Les colonnes torses qui montent aux cieux symbolisent les cordes de marins, entrelacées de coquilles Saint-Jacques. On découvre aussi l'œuvre du peintre Michel Ciry, autre artiste de Varengeville, dont le *Christ rédempteur* orne les murs de l'église. En sortant, on se perd dans le surprenant cimetière marin, à l'atmosphère terriblement romantique. Pas étonnant que de nombreux films furent tournés ici ! On cherche la tombe de Georges Braque où une colombe aux ailes déployées en mosaïque bleue veille. On apprécie aussi la vue, splendide, sur la mer. Et l'on se rend vite compte qu'aucun marin n'est enterré ici ! On file ensuite visiter le musée Michel Ciry pour prolonger le plaisir, à la rencontre de cet artiste de Varenge, dans une superbe bâtisse toute de bois vêtue.

L'ITALIE EN NORMANDIE

Varengeville est aussi réputée pour le manoir d'Ango, véritable trésor architectural. Quelle étrange bâtisse, de 4 mètres de profondeur, construite en forme de rectangle, digne de la Renaissance italienne ! Il s'agit du palais d'été de l'armateur Jehan Ango, qui le fit construire entre 1530 et 1534. Ango pouvait, relève la légende, observer du sommet de son palais le départ de ses bateaux depuis le port de Dieppe. Proche du pouvoir, Ango se targuait d'avoir hébergé François Ier venu se ressourcer ici. Notez d'ailleurs les représentations d'Ango et du roi avec leurs épouses au-dessus de certaines voûtes d'entrée.

La beauté des lieux tient à l'utilisation des matières premières locales, comme le silex ou le grès. La brique fut ajoutée plus tard. À l'intérieur, on reste admiratif devant le mobilier, ou encore les cheminées grandioses, notamment celle de la salle des gardes. Mais l'intérêt majeur de ce manoir reste son pigeonnier au centre de la cour avec sa toiture byzantine et ses décors graphiques polychromes. Près de 3 200 pigeons pouvaient y nicher en même temps. Ce passe-temps était réservé aux plus aisés. Remarquons cette corniche de pierre qui empêchait aux rongeurs de venir manger les œufs de pigeon. Astucieux ! L'histoire retiendra que le manoir fut brûlé pendant la Révolution, mais sauvé grâce à Prosper Mérimée, en charge de la protection du patrimoine au XIXe siècle.

Ne les appelez pas des falaises, ici, à Varengeville, on les nomme les « valleuses ». Ces roches creusées en bord de mer sont de vrais canyons à la normande !

AU PIED DES VALLEUSES

L'un des atouts de Varengeville, ce sont ses falaises, majestueuses, uniques, qui s'avancent, fières et dignes pour aiguiser de leurs roches les bords de mer. Quelle beauté que ces « valleuses », sorte de vallées creusées au fil du temps grâce aux écoulements d'eau. On croirait apercevoir des canyons ! Ce sont les seuls moyens d'accès rapide vers la mer. Ce sont aussi des lieux romantiques, où tout un chacun se souvient qui d'un premier baiser avec son amoureux, qui d'une balade les cheveux balayés par les vents.
Sur le haut des falaises se dévoilent des villas magnifiques de bord de mer, à colombage comme il se doit. C'est ici qu'on venait célébrer les premiers bains de mer en bonne compagnie, entre amis ou en famille. Une occupation bourgeoise, qui donne un cachet supplémentaire à cette bourgade, sans réel centre, mais aux boutiques et échoppes charmantes, pour s'offrir un rosier, boire un thé, ou découvrir le travail des artistes locaux. Et l'imagination semble ne jamais s'arrêter sur ce bout de terre normande ! Grâce à la production de lin – la Normandie est la première région productrice de lin au monde ! – les compositions artistiques à base de lin sont désormais légion. Certaines habitantes organisent même des ateliers pour faire connaître les différentes créations artistiques possibles autour de cette matière première noble.

Le coup de cœur de Stéphane Bern

LE JARDIN DE LA MAISON DES MOUSTIERS

C'est ici, sur douze hectares, qu'il faut venir pour apprécier une collection unique en son genre : rhododendrons géants de l'Himalaya, azalées de Chine, roses, magnolias, érables et bambous du Japon… L'acidité naturel du sol, exceptionnelle en pays de Caux, ainsi que les pluies fréquentes et les douces températures ont permis la pousse de nombreuses espèces rares, en contraste total avec la végétation locale. Ce parc est l'un des plus beaux jardins de France et, par chance, il est ouvert au public. La période idéale est au cœur de l'été, quand tout fleurit.

À ne pas manquer

- L'église et son cimetière marin
- Les valleuses
- Le manoir Jehan Ango
- Le musée Michel Ciry
- La maison des moustiers

Se renseigner

– Office de tourisme Dieppe-Maritime
Pont Jehan-Ango
Quai du Carénage
76 200 Dieppe
Tel 02 32 14 40 60
www.dieppetourisme.com
voir aussi :
www.varengeville-sur-mer.fr

Bellême

RÉGION NORMANDIE

Département de l'Orne

« LA VILLE-CLOSE AU CACHET INTACTE »

Situé au sud-ouest du département de l'Orne, le village de Bellême domine le parc naturel régional du Perche. La forêt qui borde le village est l'une des plus belles de France. Le « chêne de l'école » y est né il y a 351 ans, en 1666, sous le règne de Louis XIV ! Le glorieux passé de cette cité médiévale, autrefois traversée par le chemin Royal, s'admire à chaque coin de rue et enchante les visiteurs qui s'y promènent à pied ou tractés par les célèbres chevaux percherons ! En passant sous l'imposant porche médiéval, on découvre la rue Ville-Close bordée de façades colorées et d'hôtels particuliers. Au sommet de la ville, des vestiges de l'enceinte du château sont encore visibles. De là, vous pourrez aussi admirer un splendide panorama sur la campagne bellêmoise. Bellême, qui regorge de brocanteurs et d'antiquaires, est un véritable paradis pour les chineurs !

UN LIVRE OUVERT SUR NOTRE HISTOIRE

Bellême est une ancienne ville fortifiée convoitée par les Anglais jusqu'au XVe siècle. L'un des épisodes marquants de la ville reste le siège de Bellême en 1229 par Blanche de Castille, régente du petit Louis IX, le futur saint Louis, pour la soutirer au breton Mauclerc. Pendant longtemps, Bellême a été la capitale de la région. Il y eut ici un passage constant de voyageurs, de marchandises, ce qui a attiré de nombreuses familles nobles et bourgeoises. Leurs maisons toujours en place aujourd'hui en sont les témoins encore sensibles. Il suffit de s'arrêter dans la rue Ville-Close pour mesurer la richesse de l'architecture de Bellême. Que des hôtels particuliers du XVIIe et XVIIIe siècle, comme la maison dite du gouverneur avec son portail de style Régence et le jardin qui domine les fossés du vieux château. C'est ici d'ailleurs que vécut, entre 1625 et 1751, la famille dudit gouverneur nommé autrefois par Henri IV. Un peu plus loin, c'est l'hôtel particulier de cousins éloignés de l'impératrice Joséphine (aux numéros 12 et 19 de la rue). Façades, portails et balcons chiffrés terminent d'éblouir le promeneur.

BELLÊME, CITÉ D'ARTISANAT

Bellême a aussi connu une activité textile florissante, particulièrement aux XVIIe et XVIIIe siècles. Les 80 métiers à tisser ont fait la fortune de la petite cité. Mais l'autre spécialité de Bellême, c'est la savonnerie. N'hésitez pas à pousser la porte de la plus connue d'entre elles, la Savonnerie de la Chapelle. Ces savons naturels relèvent d'un savoir-faire ancestral. Ils sont réalisés à froid. Cette méthode utilisée à Bellême permet de ne pas chauffer les huiles, et donc de garder toutes les qualités des produits constituants le savon. Fabriqués comme aux temps des Celtes, le plus authentique reste celui façonné à base de miel de Bellême. Ce respect des traditions permet aux plus grands nez parfumeurs, comme Francis Kurkdjian, de s'intéresser aux techniques de la savonnerie en vue d'éventuelles collaborations.
En déambulant au gré des ruelles, vous découvrirez une multitude de commerces dynamiques comme la chocolaterie de Charles Bataille où vous pourrez goûter les créations de cet amoureux du cacao. Il a fait sa renommée avec ses chocolats en forme de cheval percheron ou de manoir. Succès garanti ! Une des valeurs sûres de la maison : le chocolat Manoir de Courboyer, à base de chocolat noir, avec ganache à l'orange. Un vrai régal !

Vous pouvez visiter le laboratoire de la Savonnerie, installée en plein centre-ville et découvrir ce savoir-faire ancestral.

le Comptoir
Galerie
Boutique
Salon
de thé

LE CHEVAL PERCHERON, GUIDE IDÉAL

Au rythme du pas tranquille des chevaux percherons, prenez le temps d'admirer la ville et ses forêts alentour.

L'emblème de cette ville du Perche, c'est évidemment son cheval. Pour en apprécier toutes les qualités, partez en calèche, sur une victoria, avec Dominique et Gérard, joliment vêtus de leurs complets vestons bleu ciel. Les deux complices aiment conduire leurs percherons à travers la ville, expliquer que Bellême se résumait autrefois à un grand château ou une grosse forteresse avec sept tours aux murs clos. Au hasard de la promenade, les visiteurs découvrent la porte Saint-Sauveur qui débouche sur la fameuse église du même nom. Cette église date des Xe et XVe siècles, et fut reconstruite entre 1675 et 1710. Elle recèle une chapelle du Rosaire offerte par Aristide Boucicaut, à qui l'on doit à Paris la création du magasin Le Bon Marché. Tout autour de la place de l'église, on chine dans de nombreuses boutiques ou on déguste un goûter dans un salon de thé. Vous n'aurez que l'embarras du choix !

Le coup de cœur de Stéphane Bern

LE CHÊNE DE L'ÉCOLE. La calèche conduit aussi sur les chemins de la forêt de Bellême, une des plus belles de France, où les arbres, si hauts, auraient formé comme des perches et donné leur nom à la région toute entière. Au XVIIe siècle, sur plus de 2 400 hectares, ses chênes ont été plantés pour la fabrication des mâts de navires. Le plus ancien s'appelle « Le chêne de l'école ». Il mesure 42 mètres de haut. Aujourd'hui, la forêt, large de 9 km et longue de 18 km, permet de nombreuses randonnées à l'ombre des arbres centenaires.

À ne pas manquer
- La rue Ville-Close
- La Savonnerie de la Chapelle
- Église Saint-Sauveur
- La forêt de Bellême
- La chocolaterie Charles Bataille

Se renseigner
- Maison du tourisme du pays bellêmois
Boulevard Bansard-des-Bois
61 130 Bellême
Tel 02 33 73 09 69
www.cdcpaysbellemois.fr

PIZZERIA

Rochefort-en-Terre

RÉGION BRETAGNE

Département du Morbihan

« UN VILLAGE FLEURI D'ARTISANS »

Situé à 35 km à l'est de Vannes, sur une butte rocheuse dominant la vallée du Gueuzon, le village de Rochefort-en-Terre est l'un des plus réputés de Bretagne et également l'un des plus petits, puisqu'il n'abrite que 697 habitants, 697 heureux bretons qui côtoient chaque jour ses remparts, son château, ses maisons à pans de bois, ses demeures Renaissance ou ses bâtiments de style gothique. À Rochefort-en-Terre, vous êtes conviés à un voyage dans le temps des plus authentiques. Un bijou de ruelles pavées et d'échoppes d'artisans qui profitent d'un fleurissement admirable soulignant la pierre omniprésente dans le village.

UNE TERRE BIEN GARDÉE

En route pour la Bretagne, et cette « roche forte », qui domine la vallée du Gueuzon. Pourquoi Rochefort-en-Terre ? Tout simplement pour distinguer ce petit village des 17 autres « Rochefort » répartis sur tout le territoire français, et éviter des erreurs d'aiguillage dans les bureaux de poste ! Mais les véritables origines du village remontent au XIIe siècle. On apprécie encore aujourd'hui les maisons anciennes superbement mises en valeur. La beauté des lieux tient à sa terre en effet, à sa pierre en particulier, une alternance heureuse de schiste et de granit, deux pierres très présentes dans cette région de France qu'est la Bretagne.

LA FINE FLEUR DE L'ARTISANAT

L'artisanat demeure d'ailleurs l'une des fiertés de Rochefort-en-Terre. C'est ici qu'on peut encore apprécier des métiers de plus en plus rares. Mikael figure parmi les derniers à perpétuer la tradition du tour à bâton. Il s'amuse comme personne pour faire monter ses poteries sous l'œil des visiteurs conquis, non seulement par sa technique, mais aussi son sourire et son humour. Un vrai comédien ! Derrière le décor de cartes postales, on se sent vite comme à la maison. À Rochefort-en-Terre, il y a un parfum familier et de la bonne humeur à chaque coin de rue.

Qu'il fait bon vivre à Rochefort-en-Terre, entre ses maisons à colombage fleuries, son patrimoine régulièrement restauré et ses spécialités culinaires à savourer.

Restaurant
Gaufres
Décors
Vacancéole
LE DOMAINE
DAR PEOCH
Les Arts de Façade
ouvert

LE PATRIMOINE RESSUSCITÉ

Le patrimoine de Rochefort-en-Terre est fréquemment rénové. Preuve en est : l'église Notre-Dame-de-la-Tronchaye qui nous ouvre ses portes dans la ruelle du Four-à-Ban. La légende raconte qu'au XIIe siècle, lors des invasions normandes, une statue de bois, représentant la Vierge Marie et son enfant, fut cachée dans un tronc d'arbre. Deux cents ans plus tard, la statuette fut retrouvée par une jeune bergère. C'est ici, en hommage à cette découverte, que fut alors érigée l'église qu'on visite encore aujourd'hui. Construite sur la roche et sans fondement, elle nécessite de fréquentes opérations de restauration pour conserver son lustre d'antan. Dernière en date : le clocher. Plus de huit mois furent nécessaires pour remettre la charpente et la toiture en état, grâce au travail précieux des compagnons charpentiers, couvreurs et autres tailleurs de pierre. On ne se lasse pas d'observer leurs gestes - même à vingt mètres du sol ! -, toujours sûrs et chevronnés. Ils perpétuent la tradition de la « couverture brouillée », qui consiste à n'aligner aucune liaison d'ardoise. Pratique ! Et surtout nécessaire pour garder ce magnifique patrimoine intact. Une maîtrise dont peuvent s'enorgueillir les artisans engagés dans cette sauvegarde minutieuse.

À L'OMBRE DU CHÂTEAU

Visiter Rochefort-en-Terre donne l'impression de traverser l'histoire de la ville, du Café Breton, qui figure parmi les plus anciens cafés d'Europe, installé en 1818 dans une bâtisse de 1544, avec son enseigne peinte, comme les autres boutiques et échoppes, jusqu'au château, restauré avec goût et élégance. Son histoire rappelle la résistance bretonne face au royaume de France. Du temps de Charles VIII, Jean IV s'opposa tant à l'annexion de la Bretagne par la France qu'il fit carrément détruire son château. Au XXe siècle, il faudra la venue, dans le village, du peintre américain Alfred Klots pour racheter les anciens communs du château en ruines et les restaurer en vue d'y installer aujourd'hui un musée d'art contemporain.

Rochefort-en-Terre

SOUS LE SIGNE DES FLEURS

Ce même Alfred Klots eut l'idée en 1911 de lancer un concours à travers la ville : celui des maisons fleuries. Le maire du village aime montrer avec beaucoup de fierté l'unique exemplaire de l'affiche originale du concours créé par le peintre, réalisée à l'aquarelle par ses propres moyens. À l'époque, il s'agissait du concours des « Fenêtres fleuries », devenu au fil du temps celui des « Villages fleuris ». Une belle initiative qui permettait alors au 1er prix de gagner 25 francs ! La tradition se perpétue encore, et les jardiniers municipaux entretiennent près de 9 000 plantes qu'ils bichonnent avec beaucoup d'attention. Presque un sacerdoce ! Mais que ne feraient-ils pas pour que leur ville soit la plus fleurie de France chaque année ?

Le coup de cœur de Stéphane Bern

LE KOUIGN AMAN. Voici le gâteau star de Rochefort-en-Terre. Une gourmandise simple et généreuse, comme les habitants de ce village. Le kouign aman est réalisé à base de pâte à pain, travaillé avec du sucre et du beurre. Beaucoup de beurre ! On en garde le souvenir longtemps après l'avoir goûté, mais quel délice ! Il paraîtrait même que c'est précisément à Rochefort-en-Terre qu'on trouve le meilleur kouign aman de Bretagne. Qu'on se le dise... Il serait donc dommage de ne pas y succomber, non ?

À ne pas manquer

- L'église Notre-Dame-de-la-Tronchaye
- Le Café Breton
- Le château et son musée Naïa

Se renseigner

- Office de tourisme Rochefort-en-Terre
7, place du Puits
56 220 Rochefort-en-Terre
Tel 02 97 26 56 00
www.rochefortenterre-tourisme.bhz

Moncontour

RÉGION BRETAGNE

Département des Côtes-d'Armor

« UNE CITÉ AU FORT CARACTÈRE MÉDIÉVAL »

Au cœur des terres bretonnes, comment ne pas tomber sous le charme de la cité médiévale de Moncontour ? Derrière ses remparts aux onze tours, le village recèle une foule de trésors qui font la fierté de ses habitants. La visite du bourg nous laisse imaginer l'ancienne prospérité du village. Les ruelles pavées et les enseignes médiévales côtoient les hôtels particuliers et les maisons de maître, héritages du commerce florissant de la toile de chanvre et de lin au XVIe siècle. Ce mélange de courants architecturaux est une invitation à voyager dans le temps. Un village authentique, animé en toutes saisons, dont l'histoire est comme « gravée » dans la pierre !

UNE PLACE FORTE SOUS LA PROTECTION DE SAINT-MATHURIN

Perchée au sommet d'une colline, l'élégante « petite cité de caractère » a su garder son âme médiévale. L'ancienne place fortifiée est même devenue un rendez-vous incontournable pour les férus d'Histoire qui s'y retrouvent costumés lors de la fête médiévale en été. Au gré des tablées, on peut croiser un seigneur du XIVe siècle, qui fait ripaille et boit du clairet, un vin clair en vieux françois, qui aurait même des vertus aphrodisiaques, paraît-il !

Mais si l'on vient de toute la France pour festoyer à Moncontour, c'est que le village, qui fut une place militaire importante au XIIe siècle, a su conserver son état quasi originel. En effet, à l'époque, Moncontour est une ville fortifiée qui permet aux seigneurs de contrôler les environs et d'asseoir leur autorité. On y frappe la monnaie. Au sommet de la majestueuse place, on domine totalement la région, et surtout cet axe de circulation extrêmement fréquenté du « mont que l'on contourne » ! D'où le nom du village !

Les vitraux du XVe siècle de l'église Saint-Mathurin figurent au rang des trésors de la région. Ils sont d'ailleurs classés pour la plupart aux Monuments historiques.

Mais Moncontour était aussi réputé pour son église, qui devient même l'objet de nombreux pèlerinages à compter du XVIe siècle. Elle est dédiée à saint Mathurin, dont on apprécie de nos jours encore le buste reliquaire. Il est très précieux, en argent, et un fragment du crâne y a même été incorporé. Saint Mathurin guérissait de la folie et protégeait les bêtes. Plutôt utile sur un territoire assez rural. La population avait à cœur de garantir la santé de son cheptel. Admirez les vitraux aux couleurs fraîches et gaies. Ils sont stupéfiants !

CLINS D'ŒIL HISTORIQUES

Une balade en centre-ville permet aussi d'apprécier la richesse des lieux. Moncontour était au Moyen Âge une cité qui comptait, et où il fallait demeurer en Bretagne. Les façades à colombage sont davantage travaillées, vous remarquerez que des visages apparaissent sculptés dans le bois. Peut-être s'agit-il du portrait d'un des propriétaires ? Ou bien du bâtisseur de la maison ? Dans tous les cas, ces clins d'œil répétés de l'Histoire ne cessent de ravir les amateurs ! D'autres apparitions étranges attirent l'œil des passants : les enseignes des échoppes. Il y en a de très drôles, un peu naïves mais toujours bien colorées. Sur une idée du maire, chaque commerce a son enseigne. De quoi donner un charme fou aux balades dans la vieille ville !
Mais le must de la visite reste le tour en calèche, à un rythme... très lent. De quoi prendre le temps d'être émerveillé par le paysage ! Et de chanter quelques airs bretons bien typiques. « Ils ont des chapeaux ronds, vive la Bretagne. Ils ont des chapeaux ronds, vive les Bretons ! » Un petit air qui trotte dans la tête, comme ceux interprétés par la fanfare de Moncontour, une autre fierté locale. Il s'agit même, précisément, d'une batterie-fanfare. Quelle est la différence ? Les fanfares traditionnelles ont beaucoup d'instruments à pistons, or la fanfare de Moncontour n'en a que très peu. Elle regroupe des habitants de 7 à 61 ans. Une véritable institution qui traverse les générations !

Les enseignes des échoppes reprennent la tradition ancestrale de la représentation du métier exercé. De quoi garder le nez en l'air !

Venelle
Orvais
Rue
Charbonnerie

Le coup de cœur de Stéphane Bern

LE THÉÂTRE DU COSTUME. Pour poursuivre la thématique historique, n'hésitez pas à pousser la porte de l'atelier de Caroline. Ancienne costumière de théâtre, elle a mis sa passion au service de sa ville et de son histoire. On traverse l'histoire du costume du Moyen Âge jusqu'au XXe siècle. Un travail prodigieux où le tissu et le bois composent des scènes de la vie quotidienne à travers le temps et de façon chronologique. Chapeau !

À ne pas manquer

- L'église Saint-Mathurin
- Le château
- La place fortifiée
- Le théâtre du costume
- Une balade en calèche dans la vieille ville

Se renseigner

- Office de tourisme
4, place de la Carrière
22 510 Moncontour
Tel 02 96 73 49 57
www.tourisme-moncontour.com

Piriac-sur-Mer

RÉGION PAYS DE LA LOIRE

Département Loire-Atlantique

« UN VILLAGE ULTRAMARIN AU CACHET INDÉNIABLE »

Blotti à la pointe de la presqu'île guérandaise, le village de Piriac-sur-Mer est comme battu par l'océan et les embruns marins. Situé en Loire-Atlantique, Piriac a toutefois conservé son entité bretonne et son cachet d'autrefois. Les visiteurs sont émerveillés par la diversité du patrimoine, naturel, architectural et littéraire. Ici, les petites ruelles sinueuses et abondamment fleuries font marcher les visiteurs dans les pas de Daudet, Flaubert, Zola ou Chateaubriand. Les demeures des XVIIe et XVIIIe siècles construites dans le granit rappellent l'importance de l'activité maritime d'antan. Aujourd'hui devenue une charmante station balnéaire, Piriac attire des vacanciers en quête de quiétude et de longues balades le long de la pointe du Castelli !

UNE CITÉ BRETONNE MALGRÉ TOUT

Petite cité de caractère, Piriac-sur-Mer est un village maritime dont la douceur de vivre fait depuis toujours l'unanimité. Ici, l'activité sacrée, c'est la pêche : fruits de mer, tourteaux, sardines... un vrai plaisir pour explorer la grande bleue. L'originalité de ce village de Loire-Atlantique, rattaché à la région Pays de la Loire, tient surtout au fait que tout, des noms de rues aux spécialités culinaires comme les galettes, est entièrement tourné vers... la Bretagne ! L'architecture aussi avec les maisons fleuries en granit et les toits pointus. Même si certaines demeures ont quelques particularités typiquement piriacaises. Pour s'en rendre compte, promenons-nous dans la ruelle très étroite des Mouettes. On y découvre en façade une avancée de pierre creusée d'une rigole qui servait autrefois à l'évacuation d'un évier intérieur directement dans la rue. Futé ! Quant aux fenêtres, notre surprise est de taille ! Elles sont extrêmement basses. Faut-il croire que nos ancêtres étaient alors très petits ? Non, qu'on se rassure, la taille des fenêtres est aujourd'hui le résultat de remblaiements successifs qui ont élevé le niveau de la chaussée. Tout simplement !

RUELLE
des MOUETTES

LE PORT D'ATTACHE

Le cœur du bourg est daté du XIIe siècle. Mais l'essor du village survient bien plus tard, quand ses voisines comme La Baule ou Le Croisic deviennent des stations balnéaires. Tout le monde, depuis la fin du XIXe siècle, se presse vers le port du village, notamment pour son activité, de forte renommée, la pêche à la sardine. C'est aussi grâce à l'arrivée du train dans la région que la tradition des bains de mer s'est développée. De nombreuses personnalités sont alors tombées sous le charme de ce port de pêche, comme Émile Zola, qui habitait près de l'église ou encore Alphonse Daudet. L'auteur du *Petit Chose*, originaire du sud de la France, a découvert, à Piriac-sur-Mer, un nouveau monde, presque exotique. Il logeait, lui, directement sur le port. Il dira même au sujet de la station : « En étant ici sur le port, on ne peut rien trouver de plus délicieux, de plus agréable, que ce petit port de pêche, au bout des rochers, face à la mer. (...) En plus, ce peuple est joyeux ici. Tous les dimanches soirs, ceux de la Turballe et de Piriac se retrouvent et on chante et on danse au son des bouches, ici sur le port et à l'hôtel à côté ». Dès qu'un rayon de soleil apparaît, du matin au soir, on vient s'asseoir sur le muret du bord du port. Mais attention, il s'agit pour les promeneurs de passage de bien utiliser le langage approprié... Ici, il s'agit non pas d'un muret, mais d'un « cuttoir » ! Plutôt logique après tout !

Avec ses 11 km de côtes, cette petite cité de caractère est devenue une station balnéaire classée.

PLEINE MER

À Piriac-sur-Mer, rien ne vaut une sortie en mer, pardi ! Certains aiment prendre un kayak, d'autres préfèrent grimper à bord d'un bateau de pêche traditionnel du début du XXe siècle, reconstruit à l'identique par l'association du Grand Norven. L'occasion de retracer l'histoire maritime de la région. Observons cette grand-voile qui n'est pas triangulaire comme les bateaux modernes. Les marins les appelaient des « sloops ». Les anciens disent aussi des « chloupes ». Ces bateaux avaient plusieurs fonctions au gré des saisons. À l'automne, ils servaient à pêcher le hareng, en été et au début du printemps, ils permettaient de ramener de la sardine. Les conditions climatiques pouvaient parfois être vraiment mauvaises. De quoi donner tout son sens aux dictons locaux : « C'est dans le grain qu'on voit le marin ! ». Ou bien « vent de nord, reste au port », tout aussi vrai ! Sans oublier « qui écoute trop la météo, reste au bistro ». Autant de sagesses populaires à expérimenter au large de Piriac-sur-Mer !

Naviguez sur le Grand Norven, sloop sardinier du siècle dernier, et admirez les côtes vues de la mer. Magnifique !

SAVEUR ORIGINALE

Piriac-sur-Mer ne serait rien sans ses sucettes artisanales, les Grosjules, fabriquée depuis 1919 par la même famille, dans la Confiserie du Port. On y trouve un très large choix de parfums, de la « Caramel au beurre salé de Guérande » – incontournable – à la « Barbe à Papa » ou « Speculoos », ou encore fraise, menthe, nougatine... Mais pourquoi « Grosjules » ? Parce que les enfants se plaisaient à surnommer ainsi Jules, le fabricant de sucettes dans les années 1950, un homme fort imposant. Et le nom est resté !

Le coup de cœur de Stéphane Bern

LE TOMBEAU D'ALMANZOR. Rendez-vous près de la pointe du Castelli, non loin de la « grotte à Madame ». À cet endroit, vous distinguerez un rocher particulier. La légende raconte que lorsque Almanzor, seigneur de Lauvergnac est rentré de croisade, son vaisseau a sombré à cause d'une violente tempête. Ce rocher se serait alors ouvert pour accueillir et conserver le corps du guerrier porté par les vagues. Vous pouvez y accéder à marée basse.

À ne pas manquer

- Une balade dans les petites ruelles
- Le port
- Les sucettes Grosjules
- Une sortie en mer
- Le tombeau d'Almanzor

Se renseigner

- Office de tourisme de Piriac-sur-Mer
7, rue des Cap-horniers
44 420 Piriac-sur-Mer
Tel 02 40 23 51 42
www.piriac.net

Île de Béhuard

RÉGION PAYS DE LA LOIRE

Département du Maine-et-Loire

« UNE ÎLE SUR LA LOIRE »

Classée au patrimoine mondial de l'UNESCO, Béhuard est un village unique en son genre puisqu'il est la seule commune à être une île sur la Loire. Seulement une centaine d'habitants habitent ici à l'année et vivent au rythme des crues. Le charme incontestable de Béhuard attire cependant une foule de visiteurs venus de toute part pour admirer la petite chapelle royale perchée sur un rocher, accomplir un pèlerinage au mois d'août ou tout simplement faire le tour de l'île à pied et flâner sur les grèves de la Loire.

L'ÂME D'UNE ÎLE

Béhuard est une île, donc souvent inondée. Sur la place centrale du village, on n'hésite pas à afficher les records des crues, comme en 1910 où l'eau atteignit 6,78 m de hauteur. Un autre panneau indique aussi de façon ironique que « le village se visite à pied (...), sauf en temps de crue » ! On l'aura compris, la condition impérative pour s'installer à Béhuard est donc de savoir mener sa barque. Au propre comme au figuré. Pour apprendre à la manœuvrer, et histoire d'allier l'utile à l'agréable, les habitants organisent régulièrement des fêtes, comme la fête de la Plate, du nom de la barque locale à fond plat. Ce sont environ 500 personnes qui se réunissent au mois d'août autour d'une trentaine de bateaux. Et, régulièrement, les 125 habitants de Béhuard aiment à venir boire un petit verre de vin (blanc, pardi !) pour se retrouver, discuter, ou simplement évoquer la vie du village... C'est une île où il fait bon vivre, où l'on prend son temps, et où l'on apprécie les moments présents. Un endroit unique !

La Guillemette

VENISE ANGEVINE

Ce sentiment de quiétude n'est pas amoindri par les fréquentes inondations ! Bien au contraire, elles renforcent les liens entre les villageois. Parmi eux, Gérard, sorte de capitaine Haddock au grand cœur, qui connaît chaque recoin de son île. Pendant les crues, quand les routes sont coupées, c'est lui qui sert de passeur aux habitants du village. Il lui arrive même d'aller à la gare chercher ceux qui n'ont pas de bateau, et les ramener chez eux. C'est lui aussi qui remplace le facteur ! De quoi bien l'occuper. Jamais Gérard ne refuse d'aider, persuadé que cela relie un petit peu plus les habitants entre eux. Une belle philosophie de vie !

ROCHER DIVIN

Quand on arrive à Béhuard, impossible de manquer son rocher. Il fait partie de la vie des béhuardais au même titre que les niveaux de l'eau rythment le quotidien. Tous, un jour ou l'autre, confessent avoir tenté de l'escalader. Avec plus ou moins de réussite, mais toujours avec fierté. Les villageois ont pris l'habitude de blaguer à son sujet : avec la Loire et le rocher, ils ont la plage et la montagne au même endroit ! Ce gros caillou aurait plus de 300 millions d'années ! On dit même que ce serait le plus vieil habitant de l'île. De quoi laisser libre cours aux nombreuses légendes qui l'entourent. L'une des plus belles perdure depuis le XVe siècle. Le futur Louis XI alors encore jeune dauphin traverse la Loire avec son navire, mais son bateau échoue. Le futur Roi échappe de justesse à la noyade. En signe de reconnaissance, il fit construire une chapelle royale, Notre-Dame de Béhuard, sur le rocher de la cité. Ce rocher est vraiment la base de construction de l'église. Pour le moins insolite ! Il sert même de mur, notamment sur toute la partie est de l'église. Il suffit de lever la tête pour apercevoir les voûtes en carènes de bateau renversées. Impossible d'oublier ainsi le passage du roi… Les habitants du village ne sont pas peu fiers de rappeler qu'en 2003, les Beaux-Arts ont investi l'intérieur de l'église et ont redécouvert avec surprise toutes les fleurs de lys qui datent de Louis XI. Quelle splendeur de les voir orner le plafond avec toute leur majesté !

Poussez la porte de cette chapelle atypique. Le chœur s'ouvre sur une sorte de grotte surmontée d'une mezzanine. Incroyable !

UN PÈLERINAGE POUR LES MARINS

Les habitants de Béhuard aiment aussi se donner rendez-vous devant la statue de la Vierge, au cœur du village. Elle est placée – en principe – au-dessus de la crue de 1910. Elle doit donc être insubmersible ! Depuis le Ve siècle, l'île est un lieu de culte dédié à la protection des mariniers de la Loire. Chaque année au mois d'août un grand pèlerinage rassemble des milliers de fidèles sur cette petite île… Andrée, mémoire vivante du village, aime rappeler ce jour de grand pèlerinage où 50 000 personnes s'étaient réunies sur l'île. Une dame a eu peur. Elle s'est écriée, de crainte que l'île ne bascule parce qu'ils étaient tous du même côté ! Bien sûr, l'île resta bien ancrée dans les eaux de la Loire et l'on vient toujours se promener avec grand plaisir dans les ruelles atypiques de ce village au passé et aux légendes bien vivantes !

Le coup de cœur de Stéphane Bern

LA VIERGE MIRACULEUSE. En bois de prunier du XVIe siècle, la Vierge est située à l'intérieur de la chapelle Notre-Dame-de-Béhuard au cœur de la nef principale. Sa légende commence avec l'histoire de l'île, évangélisée par Maurille, évêque d'Angers, qui christianisa le site dédié autrefois à une divinité païenne marine. Puis la légende s'accélère avec la pêche miraculeuse d'une statuette dans la Loire, grâce à un marin. Dès lors, la Vierge fut implorée pour protéger le sort des marins et autres voyageurs de passage. « Plus haute que les flots, elle n'est pas submergée par les tempêtes ». Telles sont les inscriptions de sa couronne. Depuis les nombreux séjours du roi Louis XI, puis la vénération de la Vierge lors de la naissance du premier enfant de Louis XVI, le culte de la Vierge de Béhuard reste encore bien vivant !

À ne pas manquer

- Notre-Dame de Béhuard
- La plage et sa guinguette
- Le rocher
- La statue de la Vierge

Se renseigner

– Syndicat d'initiative
Mairie de Béhuard
9, rue du Chevalier-Buhard
49 170 Béhuard
Tel 02 41 72 84 11
www.behuard.mairie49.fr

DE L'ÎLE-DE-FRANCE AU BERRY

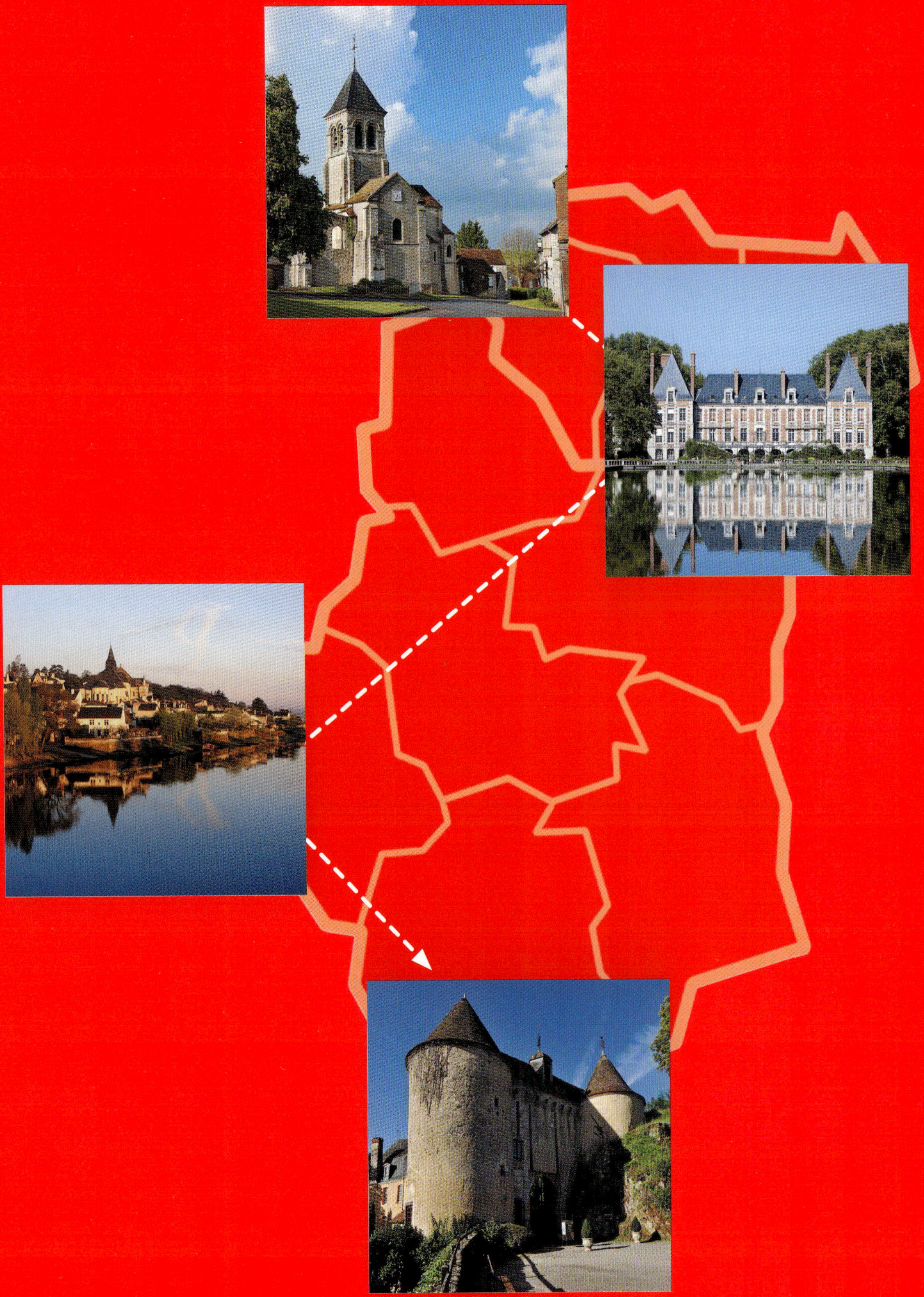

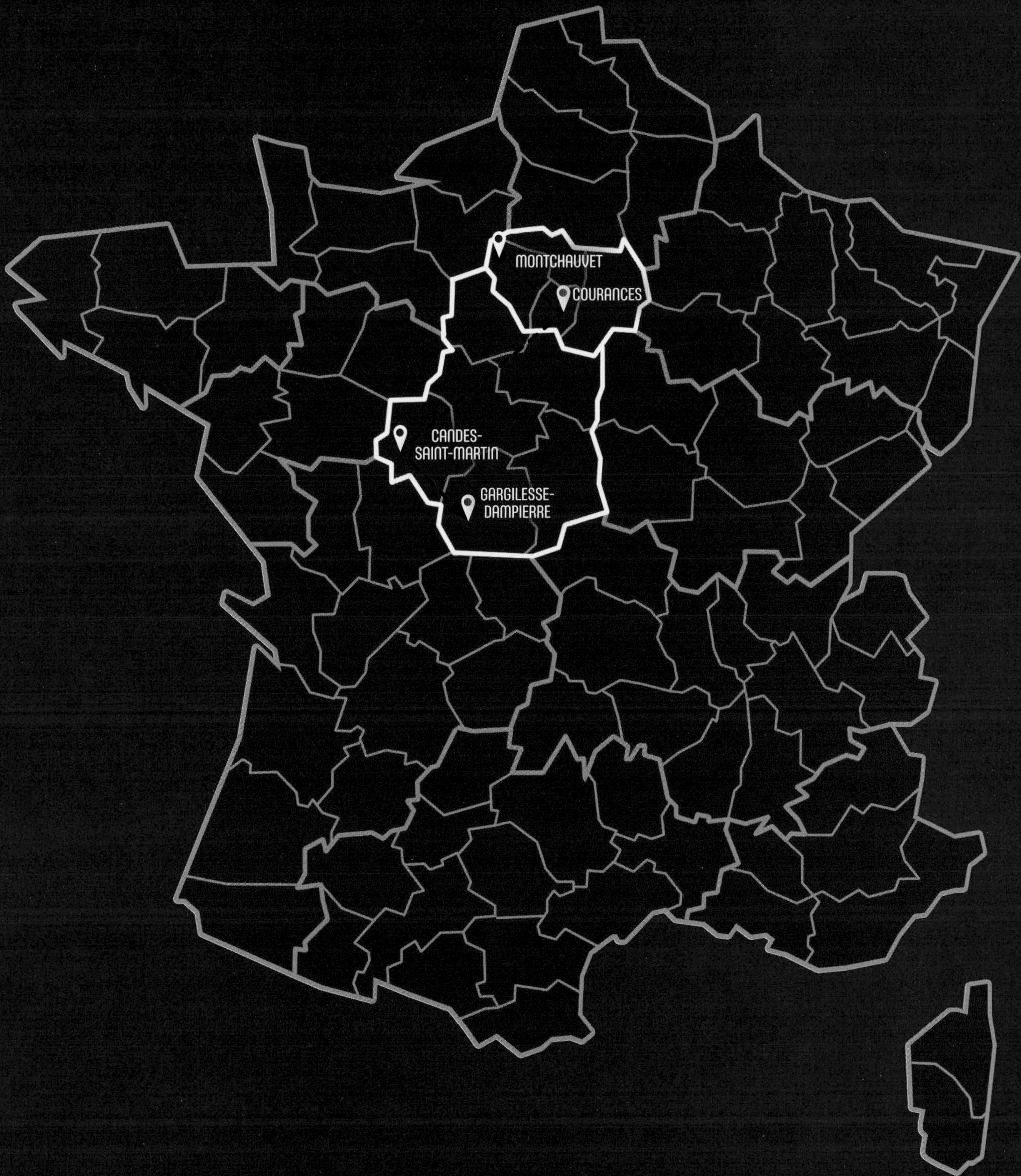

EN PASSANT PAR
LA VALLÉE DE LA LOIRE

Montchauvet

RÉGION ÎLE-DE-FRANCE

Département des Yvelines

« UN BIJOU MÉDIÉVAL NICHÉ AU CŒUR D'UNE VALLÉE »

À 50 kilomètres du château de Versailles, direction Montchauvet, petit village paisible des Yvelines. Ce bijou médiéval, caché au cœur de la vallée de la Vaucouleurs, est une invitation à voyager dans le temps. L'impressionnant pont médiéval, la porte de Bretagne, ancienne porte fortifiée ou encore l'église Sainte-Marie-Madeleine, avec sa magnifique tour carrée, témoignent d'une époque passée fastueuse ! Du château de Montchauvet édifié au XIIe siècle par Louis VI, seules subsistent les ruines du donjon. On comprend, en flânant dans les charmantes ruelles du village pourquoi écrivains et peintres, comme Marcel Aymé ou Marc Chagall, ont été sensibles à son charme pittoresque !

UN VILLAGE DE PEINTRES

À une heure de Paris, dans les Yvelines, voici un village tranquille, où les fermes sont toujours en exploitation, un véritable village rural, où on trouve encore des vaches, des chevaux, des poules... Une perle rare pour qui souhaite le dépaysement total à quelques encablures de la capitale. Sur la place de l'église, en retrait du restaurant La Jument verte, on reste complètement ébahi. Voici tout simplement une vue peinte par Marc Chagall ! C'est après avoir découvert l'Isle Adam grâce à un critique d'art que le peintre décide de louer ici un atelier en 1925. Il y achèvera des gravures en vue de l'illustration de son tableau des *Âmes mortes*. Entre autres ! Et depuis, la tradition de Montchauvet, village de peintres, ne cesse de se démontrer d'année en année, pour le plus grand plaisir des quelques habitants. D'ailleurs, la plupart peignent Montchauvet, la nuit, le jour, au soleil ou sous la neige. L'autre vision la plus commune des peintres de Montchauvet, Chagall en tête toujours, c'est le pont de l'Arche, à l'entrée de la ville. Ce pont rappelle que Montchauvet était une étape sur l'ancienne route romaine menant en Normandie.

POUR VIVRE À L'ABRI DES REGARDS

Partout, on retrouve les vestiges des fortifications de l'ancienne ville, traces d'un temps où Montchauvet était aussi un rempart contre l'invasion anglaise. Au XIIe siècle, Louis le Gros a construit cette cité comme un château-fort et la vie s'est organisée autour de son église. Direction la rue du Maréchal. Dès les abords de l'église, le visiteur s'aperçoit qu'un drame a frappé en ces lieux. En 1909, un ouragan a entraîné la chute d'un arbre, qui poussait dans le clocher et qui a eu raison des murs de l'édifice. La municipalité n'avait pas les moyens à l'époque de réaliser les travaux nécessaires pour le restaurer. Le génie est intervenu. Ils ont cherché à faire imploser le clocher sur lui-même. Hélas, le clocher est tombé sur la nef, qui, elle, était indemne ! Le visiteur aujourd'hui découvre alors une partie de l'église... à ciel ouvert. Mais de l'église romane le chœur, le transept et le portail restent intacts et l'ensemble est désormais classé Monument historique. L'église recèle quelques trésors, comme ce baptistère du XIIIe siècle dont on compte sur les doigts d'une main les exemplaires en France. Superbe, il est d'une seule pièce taillée dans la masse.

UNE VIE EN COULEURS

Nos pas nous mènent naturellement vers les vestiges de la motte castrale médiévale, ou bien encore ceux du donjon. Quelques maisons à pans de bois, dans le centre, en encorbellement, terminent de nous charmer. On se sent bien dans ce village de Montchauvet. Encore mieux après une visite Aux Écureuils, chez Laurence, qui est mosaïste. De quoi donner un peu plus de couleurs encore au quotidien ! Il ne faut pas être expert, on peut commencer à tout âge à assembler des carreaux et former ses premiers dessins. Pourquoi pas une chauve-souris, l'emblème de Montchauvet ? Un véritable vent artistique semble souffler sur ce village. D'où vient donc cet enthousiasme, ici, dans les Yvelines ? Sans doute parce qu'on vient à Montchauvet pour trouver une certaine tranquillité, et qu'on ne fait pas qu'y passer. Un vrai choix ! Peut-être aussi en raison de la situation géographique et géologique : Montchauvet est un peu sur les hauteurs, et aucune forêt n'obscurcit les alentours. Tout est donc réuni pour apaiser les habitants de ce village, propice à la création !

Le coup de cœur de Stéphane Bern

LE LAVOIR. Dans le village de Montchauvet, il y a la possibilité de découvrir un lavoir du XIXe siècle, entièrement restauré. Magnifique ! Les reflets de l'eau qui s'y mirent donnent une tonalité douce à l'atmosphère qui se dégage des lieux tout en herbe, avec son petit banc pour goûter un moment de quiétude.

À ne pas manquer

- L'église Sainte-Marie-Madeleine
- Le pont roman
- La porte de Bretagne
- Le donjon
- Une balade près du lavoir

Se renseigner

– Mairie de Montchauvet
8, rue de la Mairie
78 790 Montchauvet
Tel 01 30 93 43 59
– Office de tourisme du Pays Houdanais
4, place de la Tour
78 850 Houdan
Tel 01 30 59 53 86
www.tourisme-pays-houdanais.fr

Courances

RÉGION ÎLE-DE-FRANCE

Département de l'Essonne

« UN VILLAGE AU CHÂTEAU GRANDIOSE »

Le petit village de Courances doit sa renommée à son château Louis XIII classé aux Monuments historiques, ainsi qu'à son jardin, considéré, lui, comme le plus bel exemple de jardin d'eau Renaissance : 14 sources, 17 pièces d'eau. L'omniprésence des eaux, du végétal et de la pierre dans ce paysage datant du XVIe siècle constitue un spectacle unique. À ne pas manquer entre l'église et le château, le lavoir Saint-Étienne et sa charpente façonnée à la main, ainsi que la tombe de Nina Ricci, la célèbre couturière qui a passé ses dernières années dans le village.

UN CHÂTEAU AU VILLAGE

Bienvenue à Courances, un village à peine imaginable à moins de 60 km de Paris, avec ses façades de pierre blanche du Gâtinais, qui donne une lumière particulière aux ruelles et aux maisons, dans une atmosphère calme et sereine. Autour de l'église Saint-Étienne, tout respire la tranquillité. Ce n'est peut-être pas pour rien que la couturière Nina Ricci est venue finir ses jours ici. Mais les vrais trésors de Courances ce sont son château et son parc immense, peu connus, mais d'une beauté à couper le souffle. Il s'agissait autrefois de la demeure du secrétaire des Finances d'Henri II, Cosme Clausse, déjà propriétaire du château de Fleury-en-Bière, non loin. C'est lui qui fit creuser notamment le Grand Canal. Entre 1622 et 1630, sous Louis XIII, le château est enfin érigé par Claude Gallard. L'escalier central extérieur en fer à cheval n'est pas sans rappeler cette fois celui de Fontainebleau, autre château situé à une dizaine de kilomètres et dont il reprend peu ou prou la même architecture. Il a été ajouté au XIXe siècle pour faire « plus royal » par son propriétaire d'alors, le baron Samuel de Haber, sans craindre de mélanger les styles. C'est à la même époque d'ailleurs que les briques rouges, typiques &du style Louis XIII, furent ajoutées. Durant la Première Guerre mondiale, le château fut transformé en hôpital, puis occupé par les Allemands durant la Seconde. À la Libération, le maréchal Montgomery en fit même sa base arrière. De son passage est resté le billard !

UN JARDIN D'EAU

Les jardins, absolument splendides, furent réalisés au XVIIe siècle, et devinrent même plus tard une source d'inspiration pour Le Nôtre quand il créa Versailles et Vaux-le-Vicomte. Ils n'ont, par la suite, pas cessé d'être transformés, au gré des modes et des propriétaires des lieux. Du parc classique, ils devinrent un modèle de jardin « à la française » au XIXe siècle, avec quelques traits de « japonisme ». Ce beau parc du château de Courances fut même abandonné, avant d'être réhabilité par ses propriétaires, toujours soucieux de veiller à la majesté des lieux, avec cette grande allée, les deux canaux de part et d'autre et cette vue magique vers le château. Un réel enchantement !

LES SOURCES ROYALES

L'autre point fort de Courances, c'est son système de distribution des eaux. Il compte une rivière, appelée l'École, quatorze sources qui s'écoulent dans dix-sept bassins du XVIe au XXe siècle, alimentant d'innombrables fontaines, selon un procédé d'écoulement délicat. Depuis le XVe siècle, les « gueulards », ces étonnantes têtes de monstre ou dauphins à bouche géante le long des bassins, permettent de réguler le niveau des eaux sur tout le domaine. Et c'est de la présence des eaux courantes que découle le nom du village, Courances. Louis XIII, lors de ses séjours à Fontainebleau, faisait même venir son eau potable depuis sa « fontaine au Roi » de Courances. Il faut avouer qu'il avait bon goût : cette eau est terriblement fraîche et bonne !

LE POTAGER DU CHÂTEAU

Les eaux de Courances sont aussi l'élément primordial et nécessaire à la culture du cresson, la plante emblématique de la région. Pour tout connaître à propos de cette plante potagère, on enfile ses bottes et on file retrouver M. Taillebuis, le bien nommé, les pieds dans des rigoles d'eau. De la floraison du cresson qui nécessite de l'eau de source, jusqu'à sa cueillette, d'un coup de couteau au pied de la botte, les grandes tiges en main, nous voilà prêts pour les diverses recettes et autres accommodations. Attention toutefois à ne pas s'embourber ! Ce potager a été remis en culture en 2013 grâce à la volonté de la famille de Ganay, les actuels propriétaires, et permet de produire d'autres fruits et légumes certifiés biologiques sur 2,8 hectares clos de murs, aux abords de Milly-la-Forêt. Pour compléter votre visite, rendez-vous à la boutique des Jardins située au centre du village de Courances. Ouverte samedi matin toute l'année, excepté en janvier, et le vendredi soir l'été et l'automne. De quoi faire le plein de fleurs, de plantes aromatiques, et bien sûr de fruits et légumes, tous cultivés, frais et cueillis dans le potager. On y trouve aussi quelques confitures. Un vrai paradis pour les gourmands !

Le coup de cœur de Stéphane Bern

L'ÉGLISE SAINT-ÉTIENNE. Autour de l'église Saint-Étienne, tout respire la tranquillité. Bâtie au XIIe siècle, cette église est dominée par la silhouette imposante de son clocher à l'aspect « fortifié ». Ce clocher a d'ailleurs été rehaussé, quelques siècles plus tard afin de permettre à toute la contrée de profiter du magnifique son des cloches. À l'intérieur, vous découvrirez une belle nef voutée en berceau. En sortant, dirigez-vous vers le charmant lavoir du XVIIIe. C'est une belle découverte !

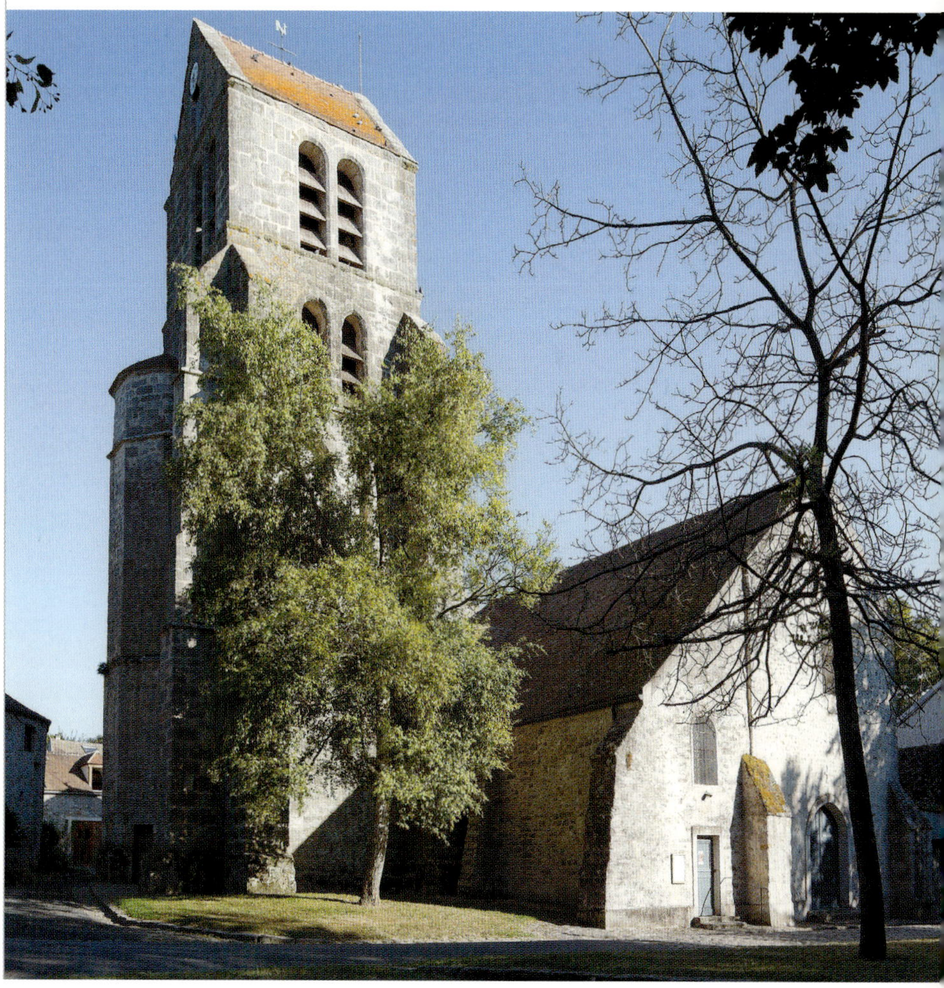

À ne pas manquer

- Le parc du château
- Les gueulards
- Le potager
- L'église Saint-Étienne
- Le lavoir

Se renseigner

– Château de Courances
13, rue du château
91 490 Courances
Tel 01 64 98 07 36
www.courances.net
– Office du tourisme de Milly-la-Forêt
47, rue Langlois
91 490 Milly-la-Forêt
Tel 01 64 98 83 17
www.millylaforet-tourisme.com

Candes-Saint-Martin

RÉGION CENTRE-VAL DE LOIRE

Département de l'Indre-et-Loire

« UN VILLAGE INSCRIT À L'UNESCO »

À l'endroit où la Vienne se jette dans la Loire, cette dernière fait un coude et remonte vers le Nord. C'est là que se déploie le magnifique village de Candes-Saint-Martin. Cet ancien port de pêche et de batellerie joue le contraste avec ses toits d'ardoise et ses murs de tuffeau blanc dont sont parées les maisons et la collégiale Saint-Martin : une église majestueuse et unique qui dresse sa silhouette au cœur des ruelles médiévales du village. La diversité de son décor sculpté en fait un véritable livre d'Histoire où se raconte la vie des rois et des saints.

UN ÉCRIN DE VERDURE SUR LA LOIRE

Pour venir découvrir ce village du Centre-Val de Loire, rien de tel que la départementale 7. Mais pour avoir une vue d'ensemble de Candes-Saint-Martin, l'arrivée par les eaux offre sans doute l'un des plus beaux points de vue. C'est le meilleur moyen de se rappeler que le village est situé au confluent de la Loire et de la Vienne. Son château du XVe siècle et sa collégiale du XVIe, monumentale et majestueuse, dominaient la cité quand près de 3 000 habitants vivaient à Candes-Saint-Martin au Moyen Âge. Bien loin des 200 âmes qui vivent encore ici de nos jours !

AU FIL DE L'EAU

Mais l'ambiance des ports de pêche règne toujours en maître ici ! Francis, marinier, bateleur, historien mais avant tout amoureux de sa région et de son village, nous invite à le suivre sur ces pas. Il n'est pas rare de le voir partager un petit déjeuner avec ses complices sur le bord de Loire avant le départ. Au menu : anguille fumée ! Et de la sauvage, naturellement... L'un de ses acolytes nous offre même son secret de conservation : gros sel et fumaison au fumoir avec de la vraie sciure de bois. Francis aime partir à l'aventure avec ses visiteurs pour explorer la Loire et ses trésors mais pas n'importe comment : à bord d'une toue !

Au confluent de la Vienne et de la Loire, le reflet de la collégiale Saint-Martin perpétue le souvenir du fondateur de la paroisse et les miracles ici accomplis au passage de sa dépouille.

Un vaste porche précède l'entrée de la collégiale. Profitez des sculptures qui composent la façade. Remarquez que le décor du porche n'est cependant pas achevé : certains blocs destinés à devenir des statues ne sont même pas ébauchés.

NOURRITURES SPIRITUELLES

Candes fait partie des six paroisses de Touraine fondées par Martin. L'histoire du village est donc à jamais liée à l'évêque de Tours. En 2016, pour célébrer le 1700e anniversaire de sa naissance, la collégiale Saint-Martin s'est tout simplement refait une beauté à l'extérieur comme à l'intérieur. Une fois à l'intérieur, justement, il vous faut aller à gauche du chœur. Un étroit passage ouvrant sur le transept permet d'accéder à la fameuse chapelle Saint-Martin, le lieu de mort du saint comme l'indique une dalle placée au sol. Pour connaître la suite de l'histoire, prêtez attention au vitrail latéral. Il raconte l'enlèvement du corps de Saint-Martin, le Poitevin, par les Tourangeaux. C'est lors de cet enlèvement le 11 novembre de l'an 387 qu'un miracle se produisit. Au moment du passage de la dépouille sur le chemin, le long de la Loire, qui mène de Candes à Tours, tous les buissons se mirent soudain à fleurir. C'est ce qu'on a appelé ensuite « l'été de la Saint-Martin ».

Une expression encore utilisée aujourd'hui lorsque le temps se radoucit à la mi-novembre.

PAS UN MAIS DEUX CHÂTEAUX

Candes ne se résume pas à sa collégiale. Pour la percer à jour, il faut savoir se perdre dans ses ruelles. Et c'est justement en passant dans celles-ci qu'on découvre un autre secret de Candes-Saint-Martin : ses châteaux ! Oui, car le village en effet n'en possède non pas un mais deux. Pas mal pour seulement 200 habitants… D'un côté, on découvre le château « vieux », ancienne résidence des évêques de Tours, et de l'autre, le château « neuf », où la cour vivait au XVIIIe siècle. On croirait découvrir une villa palladienne italienne. Pour le moins surprenant ! D'autant qu'on y a une vue superbe sur la collégiale et ses dimensions hors du commun.

140 *Candes-Saint-Martin*

Outre sa collégiale, Candes-Saint-Martin vaut pour ses ruelles, et ses deux châteaux, dont l'un revêt des airs de villa italienne.

NOURRITURES TERRESTRES

Une des autres caractéristiques de Candes, ce sont ses champignonnières. De quoi faire des rencontres pour le moins pittoresques ! Avec Joseph, on découvre tout simplement que la spécialité locale est le champignon farci, au fromage, aux rillettes ou bien avec un peu de beurre persillé. Un régal ! Mais attention, Joseph nous met dans la confidence : ici, on nomme cela une... galipette ! De quoi se lécher les babines tel le renard par l'odeur alléché et de faire des jeux de mots amusants entre amis.

NOURRITURES OLFACTIVES

Nicolas de Barry, parfumeur, est un personnage atypique dans le monde de la parfumerie. Sa spécialité : les parfums historiques qu'il s'amuse à recréer. Louis XV, Casanova, la reine Margot, Sissi, le Cardinal, madame de Pompadour... Pour ce faire, il a réalisé de nombreuses recherches avec des historiens et biographes. Il a même conçu le parfum de saint Martin, un Onguentum Sacrum, mélange d'huile essentielle, de cire d'abeille, et une touche de myrrhe et de bois d'Aloès, deux matières premières utilisées pour embaumer le corps du Christ. Prodigieux !

Le coup de cœur de Stéphane Bern

LA TOUE. C'était le moyen de navigation traditionnel des mariniers de la Loire. Mais surtout, les toues, autrefois, ne servaient qu'une fois. Elles naviguaient pendant des mois jusqu'au grand port de Nantes ou de Saint-Nazaire. Arrivées à destination, elles étaient démolies et le bois servait à la fabrication des charpentes. On les utilise désormais pour les loisirs et la découverte touristique. Un vrai plaisir !

À ne pas manquer

- La collégiale Saint-Martin
- Une balade sur la Loire en toue
- Les châteaux « vieux » et « neuf »
- Les champignonnières
- L'atelier de Nicolas de Barry

Se renseigner

- Office de tourisme Pays de Chinon
1, rue Rabelais
37 500 Chinon
Tel 02 47 93 17 85
www.azay-chinon-valdeloire.com
voir aussi :
www.candes-saint-martin.fr

Gargilesse-Dampierre

RÉGION CENTRE-VAL DE LOIRE

Département de l'Indre

« LE NID DOUILLET DE GEORGE SAND »

Situé dans un écrin de verdure sur le chemin de Saint-Jacques de Compostelle, Gargilesse-Dampierre attire depuis des années les visiteurs, éblouis par le charme des vieilles maisons aux tuilettes brunes regroupées autour du château du XIIe siècle et de son église romane. Véritable ode au romantisme, Gargilesse-Dampierre est devenu au fil des années un repère pour les artistes. George Sand fut l'une des premières à y poser ses bagages. La romancière eut un véritable coup de foudre pour ce village qu'elle découvrit un soir de juin 1857. Aujourd'hui encore, l'art anime Gargilesse-Dampierre. Chaque été, le prestigieux festival international de harpe s'y tient et de nombreux artistes y trouvent encore refuge.

L'OMBRE DE GEORGE SAND

Découvrons ce village aux maisons blotties les unes contre les autres, avec ses toitures pentues, ses tuilettes brunes, son château et sa vue sur la vallée luxuriante. Le château abrite aussi une poterne, seule trace médiévale. Aujourd'hui, il a été transformé en galerie d'art, avec des expositions fréquentes d'artistes locaux. Et comme on les comprend ! Gargilesse-Dampierre est un vrai tableau à ciel ouvert. Annick, une des habitantes, ne se lasse pas de peindre sous tous les angles son village dans son écrin de verdure. Mais l'artiste la plus célèbre, celle qui a donné ses lettres de noblesse à Gargilesse-Dampierre, c'est George Sand. La grande romancière du XIXe siècle a découvert le village alors qu'elle se promenait avec son compagnon. Au détour d'un sentier, apparait ce village, lové dans son vallon, illuminé par la lumière du soir. Un vrai coup de foudre qui amène son amant, Alexandre Manceau, à lui offrir une maison, la villa Algira, dans laquelle elle pourra séjourner à sa guise. De nos jours, cette maison est un adorable musée ouvert au public. Un véritable nid d'amour, une maison de campagne où il fait bon se retirer, où la table est encore dressée, avec sa carafe en cristal, la chaise en bois face au bureau de l'artiste à côté de son lit – tout petit ! Une de ses grandes jupes si caractéristiques figure encore en bonne place sur son dessus de lit. De quoi facilement laisser notre imagination vagabonder et nous représenter l'auteur rédiger des pages et des pages en cet endroit. Elle y aurait d'ailleurs écrit trois livres en seulement soixante-huit jours ! Prodigieux !

La villa Algira, où résidait George Sand, a été transformée en musée dédié à l'écrivaine. Tout semble être resté en l'état depuis son dernier passage. Émouvant !

Gargilesse-Dampierre 147

AU MENU, OMELETTES AUX ÉCREVISSES

George Sand était aussi friande d'une des spécialités locales : les écrevisses. Il faut dire que la rivière qui se faufile en contrebas du village en est riche. La technique est délicate. Il s'agit d'utiliser la méthode de la pêche à la balance, à l'aide d'une sorte de filet en métal. On le trempe dans le courant de l'eau et on remonte. Les habitants de Gargilesse-Dampierre, comme George Sand en son temps, aiment déguster ces écrevisses en omelette. Pour ce faire, une adresse et une seule : l'Hôtel des artistes – « À la mère Chamblant ». C'est ici qu'on retrouve Renate, le propriétaire néerlandais, qui maîtrise à la perfection les spécialités locales, notamment cette fameuse omelette aux écrevisses. Son secret ? Placer les écrevisses au tout dernier moment de la cuisson… Succulent !

Au cœur de ce petit village d'artistes sont rassemblées de vieilles maisons en pierre recouvertes de vignes vierge.

SOUS LE SIGNE DE LA HARPE

Gargilesse-Dampierre a aussi une drôle de particularité : la harpe ! Grâce à un ancien harpiste, Pierre Jamet, aujourd'hui disparu, les élèves viennent de France et de Navarre pour découvrir, manier et apprendre à jouer de cet instrument. Mais pourquoi ce village ? Parce qu'il s'agissait du village natal de cet ancien harpiste, et qu'au moment de prendre sa retraite, Pierre Jamet n'a pas voulu être ailleurs qu'à Gargilesse, dans son village qui l'inspirait énormément. Les élèves disaient « je veux venir travailler avec vous, maître » et lui répondait « mais je suis à Gargilesse. Si vous voulez travailler avec moi, venez à Gargilesse. » Ainsi des jeunes filles de Russie, des États-Unis, d'Italie, d'Allemagne, d'Angleterre sont arrivées dans ce village en été. Le monde entier s'arrêtait à Gargilesse. Et Guylaine perpétue cette unique tradition ! Chaque année au mois d'août, et ce depuis des décennies, les visiteurs sont toujours aussi nombreux pour assister au festival de musique.

Le coup de cœur de Stéphane Bern

L'ÉGLISE NOTRE-DAME. Cette charmante petite église romane, dont on apprécie le modeste clocher au loin, a été construite entre les XIe et XIIe siècles. Elle recèle des fresques splendides et une crypte tout aussi richement dotée et décorée. À l'intérieur, on découvre une statue de la Vierge à l'enfant, polychrome, qui serait la plus ancienne des environs.

À ne pas manquer
- Le château
- L'église Notre-Dame
- La maison de George Sand
- Le festival de musique

Se renseigner
- Office de tourisme
Le Pigeonnier, place Alexandre-Manceau
36 190 Gargilesse-Dampierre
Tel 02 54 47 85 06
www.gargilesse.fr

DE L'AUVERGNE À LA CORSE

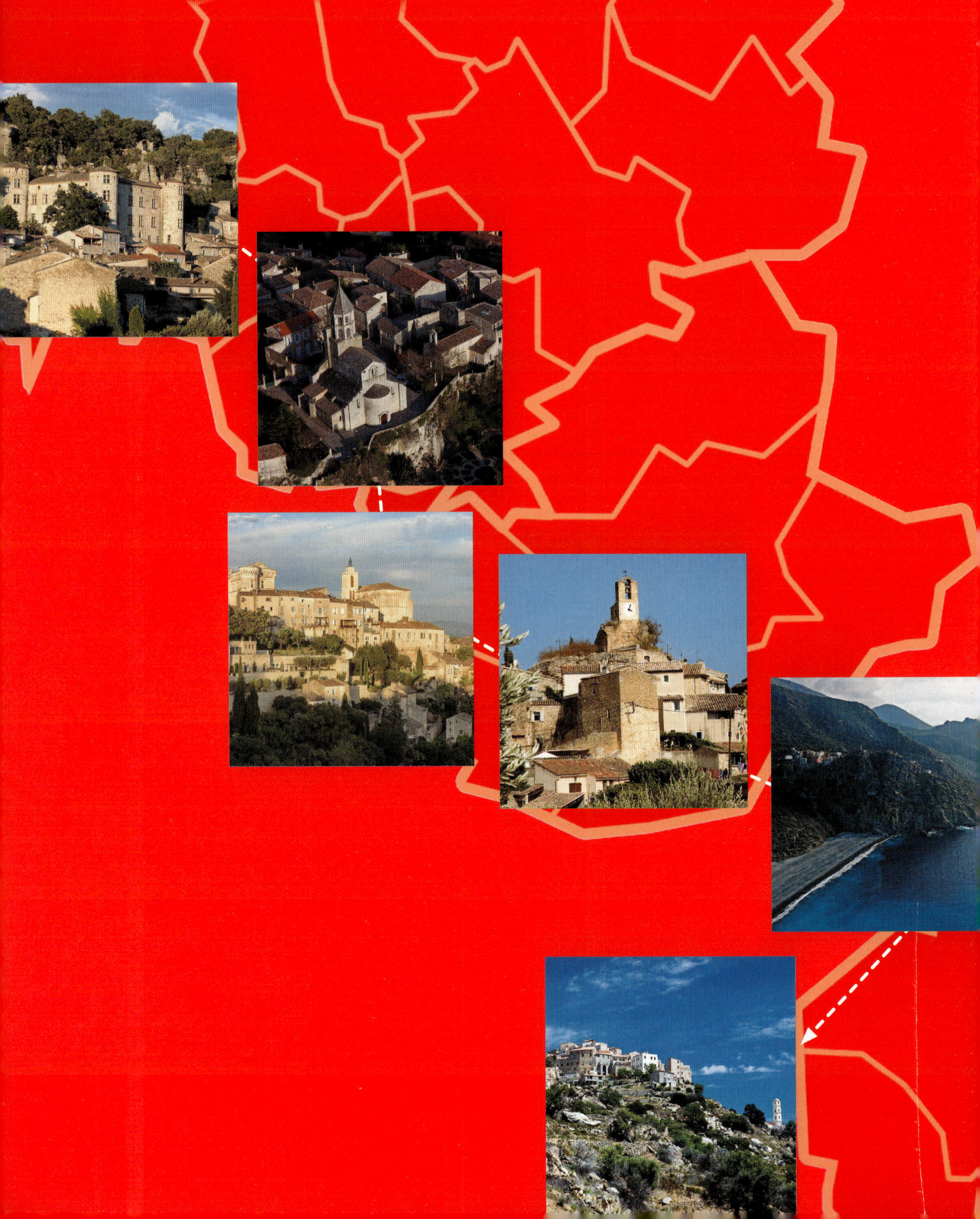

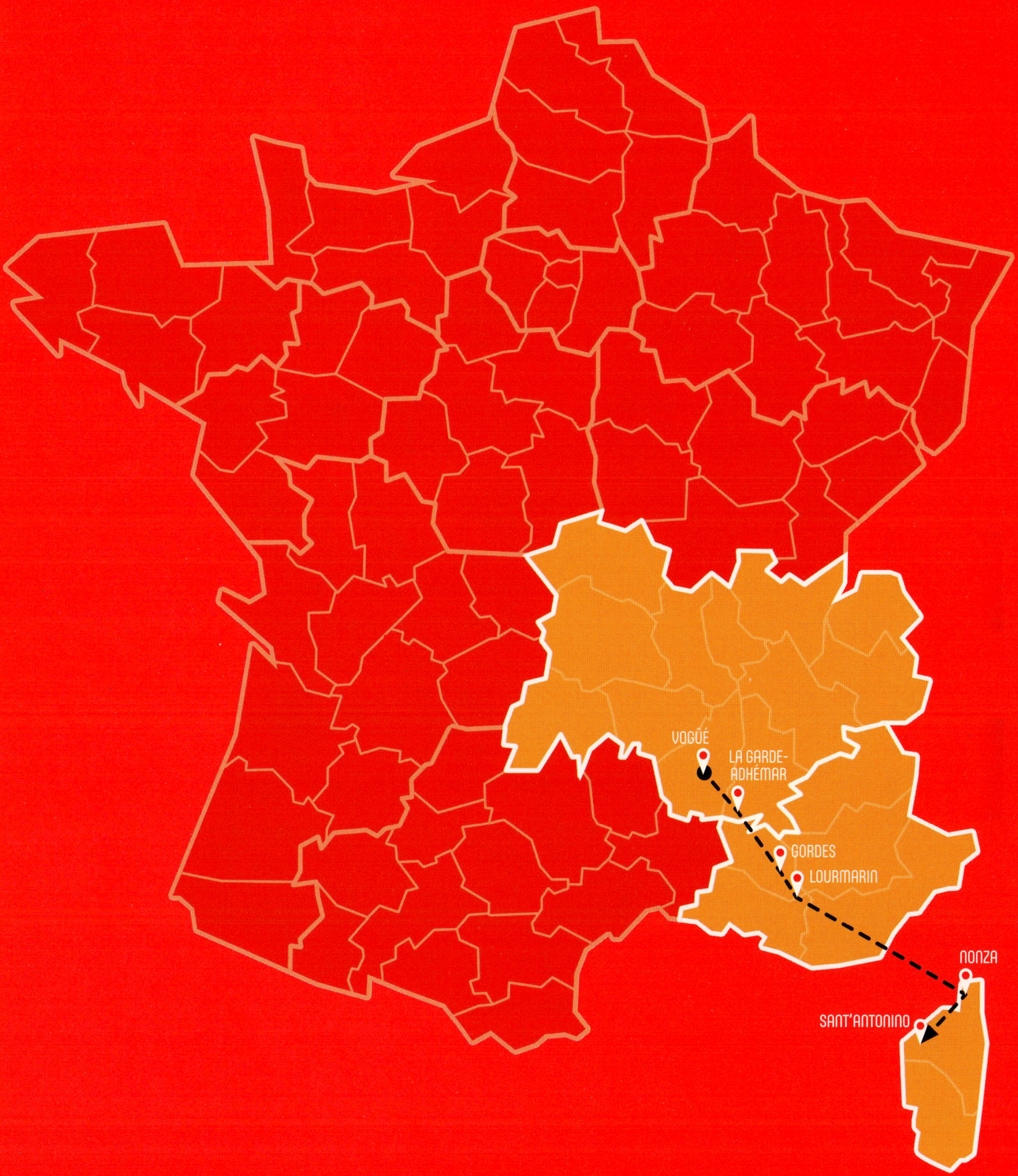

EN PASSANT PAR LA PROVENCE

Vogüé

RÉGION AUVERGNE-RHÔNE-ALPES

Département de l'Ardèche

« UNE PERLE MÉRIDIONALE »

La silhouette étirée du village médiéval de Vogüé, le long de la rivière de l'Ardèche, est une des images les plus célèbres et pittoresques de cette région. Construit en amphithéâtre, Vogüé est jalonné de ruelles, d'arcades et de jolies maisons aux couleurs chaudes et aux toits de tuiles rondes qui témoignent de son caractère méridional. Vogüé jouit également d'un riche passé historique avec les vestiges de cinq châteaux, tous antérieurs au XIVe siècle. L'un d'eux, remanié au XVIIe siècle, domine le bourg castral avec ses jardins suspendus qui offrent un superbe panorama. Plus bas, les kayaks partent du village à l'assaut de l'Ardèche et de ses paysages à couper le souffle.

FESTIVAL DE PIERRES

Pour découvrir Vogüé, rien de mieux que de prendre un canoë kayak et d'arriver par l'Ardèche. Voici un village médiéval blotti au creux d'un méandre avec ses maisons en pierre calcaire, construites sur plusieurs niveaux. Une allure d'amphithéâtre spectaculaire ! Remontons un peu les bords du fleuve pour retrouver les habitants qui aiment venir ici se retrouver, boire un verre et manger de la caillette en toute amitié. Tout le monde ou presque ! Dans le village, ambiance tout aussi sympathique dans les ruelles médiévales. Ponts et portes monumentaux sont autant de traces de l'histoire du village. Au propre comme au figuré : on remarque en effet que certains linteaux ont subi quelques coups de burin et ont été retaillés pour laisser passer les tonneaux dans les demeures ! Au mur, c'est un festival de pierres, avec la pierre calcaire des carrières, la pierre de l'Ardèche, mais aussi du basalte et ou encore du grès utilisé pour affûter les couteaux.
Plus loin dans le village, on emprunte la rue des balcons où logeaient les tailleurs de pierres au XIXe siècle. Ce sont eux qui ont façonné le village, des plus imposantes bâtisses aux plus petits passages.

Le long de l'Ardèche s'étire paisiblement le village tout en pierres et tuiles, au pied de la falaise et du château, emblèmes majestueux de Vogüé.

Les contrastes des végétaux en fleurs et des pierres égaient les promenades. Et les promeneurs ! Bon nombre aiment s'aventurer dans l'une des rues les plus étranges de Vogüé appelée la rue aux Puces. On comprend vite son nom : il est impossible d'y pénétrer côte à côte, uniquement en file indienne. Personnes claustrophobes, s'abstenir ! On l'appelle aussi la rue des ivrognes, parce qu'il est impossible ou presque d'y tomber d'un côté comme de l'autre tant le passage est étroit.

SPLENDEURS SOUTERRAINES

Il est temps maintenant d'enfiler nos combinaisons de spéléologue. Vogüé se trouve à côté d'un plateau calcaire, constitué de fissures creusées par l'eau, dont on admire aujourd'hui le réseau de galeries souterraines. Plus d'une trentaine de kilomètres de galeries ! Une cinquantaine de cavités ont été dénombrées dans les proches environs. Un vrai gruyère ! Partons explorer ce gouffre. À l'époque, les dames venaient une fois par an pour la grande lessive annuelle parce que l'eau était plus chaude que celle de l'Ardèche. On aperçoit d'ailleurs encore au fond de l'eau des pierres parfaites pour frotter et laver le linge, une pierre en calcaire de Vogüé bien sûr ! Continuons l'exploration de cette cavité. Eau à mi-cuisse, la découverte de ce spectacle souterrain, où l'eau et la pierre s'épousent, reste magique. On a déniché dans ces lieux des vestiges du Néolithique.

LA VIE DE CHÂTEAU

Un magnifique retable du collège des Apôtres, datant du XVIe siècle, est exposé dans la chapelle.

L'autre richesse de cette cité, c'est son château ! Avec sa silhouette majestueuse et ses quatre tours rondes, dont deux en façade, il domine tout le village. Construit au XIIe siècle, il sera agrandi au XVIIe siècle avec de grandes fenêtres et des jardins. Il était autrefois habité par le seigneur de Vogüé, comme le village. La dynastie de nobles ardéchois a toujours œuvré pour embellir ce château familial. Il a subi les affres du temps, de la guerre et des tourments de l'Histoire. Les Vogüé ont souvent dû souffrir du spectacle de leur château de famille en ruines, mais à chaque siècle, ils s'appliqueront à lui redonner toute sa superbe. Le château a été définitivement sauvé au XIXe siècle. La salle la mieux restaurée reste sans doute la petite chapelle où le seigneur ainsi que sa famille venaient prier. Les vitraux de maître Manessier sont époustouflants de couleurs. Il a puisé son inspiration dans les teintes chatoyantes du village de Vogüé. Bleu, parme, rouge, jaune, rose… un bel arc-en-ciel qui se reflète sur les robes des saints sculptés au mur. Une véritable splendeur ! Dans la cour centrale du château, on découvre qu'autrefois, le château abritait les élèves d'une école. Il s'agissait alors de la cour de récréation. Un terrain de jeu pour le moins original !

Le coup de cœur de Stéphane Bern

LA DESCENTE DE L'ARDÈCHE EN CANOË !

L'un des moyens les plus originaux, avec départ au pied du village de Vogüé, pour apprécier toute la majesté de ce fabuleux village en étages. Il suffit de louer un canoë. Les tronçons sélectionnés permettent à tout un chacun de visiter selon ses capacités, sur un parcours plus ou moins long. Il est possible aussi de partir plusieurs jours pour explorer les gorges.

À ne pas manquer

- Le château
- La rue aux Puces
- Une balade dans la vieille ville.

Se renseigner

- Office de tourisme de
la Basse Vallée de l'Ardèche
Pont d'Arc Ardèche – Bureau de Vogüé
52, Grand-Rue
07 200 Vogüé
Tel 04 75 37 01 17
www.vogue-tourisme.com

La Garde-Adhémar

RÉGION AUVERGNE-RHÔNE-ALPES

Département de la Drôme

« UN VILLAGE REDYNAMISÉ »

À quelques kilomètres de Montélimar, le charmant village de La Garde-Adhémar a su conserver son âme médiévale comme en témoignent ses anciennes demeures de calcaire blanc. Situé au cœur de la première terre trufficole au monde, le village de La Garde-Adhémar est fier de ce terroir que ses habitants cultivent avec passion. Au détour de charmantes petites ruelles, n'hésitez pas à parcourir le jardin aux herbes, labélisé « jardin remarquable », et laissez-vous surprendre par son mélange de couleurs et de parfums mais aussi par son incroyable variété de plantes médicinales. Un village qui n'a pas encore dévoilé tous ses secrets puisque certains lieux, comme le mystérieux val des Nymphes, ne cessent de fasciner depuis l'Antiquité.

À L'OMBRE DE L'ÉGLISE

Visiter le village de La Garde-Adhémar, c'est partir pour une aventure, avec ses vieilles pierres magnifiques, un village très minéral, des monuments classés, et des lumières extraordinaires, avec ses lavandes et ses cigales. Mais c'est aussi l'occasion d'assister dès son arrivée à une bénédiction de 2 CV et de vieilles voitures par un diacre ! De quoi obtenir la grâce de Dieu accordée pour accomplir une mission sur Terre et partir tout naturellement explorer le cœur de ce village perché, autour de son église Saint-Michel, de style roman provençal très sobre, particulièrement équilibrée, très harmonieuse, et construite au XIIe siècle. À l'intérieur, la hauteur de la nef contraste avec la largeur. L'église Saint-Michel trône fièrement à 200 mètres au-dessus de la vallée, avec une vue imprenable sur les monts de l'Ardèche, et la vallée du Tricastin. On comprend mieux le nom du village qui montait autrefois « la garde » pour la famille « Adhémar » de Montélimar.
En contrebas de l'église se situe un splendide jardin, le jardin des Herbes, créé en 1990 par Danièle, passionnée de sa ville et des fleurs. Ce jardin, ludique et reposant, permet de découvrir plus de 200 plantes médicinales, des plantes colorées, aux senteurs et odeurs délicates. On peut aussi y trouver des plantes de collection de la région, comme un « fenouil bronze », un fenouil de collection... Ou bien encore un laurier-sauce, qui parfume les plats mais qui marque aussi le triomphe dans l'Histoire, lorsqu'on songe aux couronnes des empereurs romains de l'Antiquité, tel Jules César et tous les vainqueurs.

En contrebas de l'église Saint-Michel, les visiteurs aiment baguenauder dans les allées du jardin précieux des Herbes. Le site offre un panorama à couper le souffle.

Une utilité qui se poursuit aujourd'hui : n'était-ce pas des couronnes de baies de laurier qui étaient remises aux nouveaux diplômés, des *bacca laureate*, qui donneront le fameux baccalauréat ? Aussi simple que cela !

LES CHARMES LOCAUX

Pour goûter l'ambiance unique de La Garde-Adhémar, il faut aussi baguenauder jusqu'à sa grande place, à l'ombre des oliviers. Le terrain de jeu favori des boulistes ! N'oubliez pas non plus de vous perdre dans les ruelles du village. Il recèle des merveilles de la nature à découvrir à tout prix. L'une d'entre elles reste la truffe. Une bonne occasion pour faire une halte chez Christian, un trufficulteur. Tous les étés, il entraîne sa chienne Loca afin qu'elle soit prête pour la saison du cavage qui a lieu en hiver... Loca a une technique bien à elle pour dénicher les truffes : elle renifle, elle creuse, et... elle se couche dessus ! Parfois même elle commence à les manger ! La truffe est connue depuis l'Antiquité. Les Romains la décrivaient déjà comme un mets des dieux. François Ier plus tard possédait même des meutes de chiens dressés et venait en Provence « chasser la truffe ». Un vrai trésor tapi dans les jardins de La Garde-Adhémar, qu'il est bon de cuisiner en omelette. Un vrai régal ! Il paraît même que la truffe a des vertus aphrodisiaques... Christian résume parfaitement cette dégustation de truffes avec une expression bien à lui : « Ça remue le facteur dans la 4L. » Pour le moins imagée !

Chasse aux truffes ? Balade dans les ruelles ? Échappée belle jusqu'à la chapelle du val des Nymphes ? Les idées de promenade ne manquent pas à La Garde-Adhémar !

LES VESTIGES DES VIEILLES PIERRES

La Garde-Adhémar, ce sont aussi les vestiges de ses remparts. Seule subsiste la porte nord, tout comme le cellier du château, devenu aujourd'hui une salle des fêtes ! On aperçoit aussi les vestiges du château d'un homme original : Antoine Escalin de La Garde, qui vécut essentiellement au XVIe siècle. Berger de son état, il fut gentilhomme auprès de François Ier et parvint à devenir ambassadeur à Constantinople, et même général des galères ! Sur terre, il n'avait pas son pareil pour passer les infidèles et autres hérétiques au fil de son épée. Nos pas nous guident enfin à la chapelle des Pénitents, dans cette ancienne demeure du Moyen Âge, transformée en chapelle au XVIIe siècle, très sobre, dotée d'une fresque du siècle suivant. Une vraie promenade à travers l'histoire du village !

Classée Monument historique, l'église Saint-Michel est un joyau de l'art roman de la seconde moitié du XIIe siècle et domine la vallée du Rhône du haut d'un éperon rocheux.

Le coup de cœur de Stéphane Bern

LA CHAPELLE DU VAL DES NYMPHES, en dehors de la ville. Rien de tel que ces sources pour venir prier les déesses de la Fécondité depuis l'Antiquité. Des églises seront ici construites au Moyen Âge, et seule Notre-Dame-des-Nymphes subsiste aujourd'hui. On y venait autrefois en pèlerinage pour y reprendre force et vigueur. D'ailleurs, cette zone reste toujours prisée des férus d'ésotérisme. Tendez bien l'oreille, qui sait ?

À ne pas manquer
- L'église Saint-Michel
- Le jardin des Herbes
- Les vestiges des remparts, et du château
- La chapelle des Pénitents

Se renseigner
- Office de tourisme
Rue des Arcades
26 700 La Garde-Adhémar
Tel 04 75 04 40 10
www.la-garde-adhemar-ot.org

Gordes

RÉGION PROVENCE-ALPES-CÔTE D'AZUR

Département du Vaucluse

« LE VILLAGE PERCHÉ EN PIERRE SÈCHE »

Gordes, c'est le village où la pierre règne en maître. Son château de style Renaissance, ses ruelles pentues en calades qui serpentent entre ses maisons vêtues de calcaire avec leurs volets bleu clair, ou ses bories omniprésentes. Mais c'est aussi un village où les artisans, puis les artistes ont posé leurs bagages, inspirés par les lieux. Comme on les comprend ! Marc Chagall ou Victor Vasarely y ont séjourné. On y découvre également à travers les caves du palais Saint-Firmin l'histoire souterraine du village, propre à cet éperon rocheux qui a su garder toute son authenticité.

LA TRADITION AVANT TOUT

Autrefois, l'accès au village de Gordes était uniquement réservé aux ânes, en raison de ses petites ruelles pavées qui font encore tout son charme. D'où le nom de « pas d'âne » qui est resté ! Impossible jadis de rentrer avec une charrette, encore moins aujourd'hui avec une voiture. Pour le plus grand plaisir du passant !
D'autres traditions restent ancrées dans la plaine de Gordes. Si on apprécie les champs d'oliviers à perte de vue entre deux percées, on ne déroge pas à certaines habitudes. Pour bien planter le fameux arbre, il faut déjà bien le caler. Mais pas n'importe comment ! On y glisse d'abord dans la terre une bouteille d'huile d'olive - pour la prospérité et une bouteille de vin, au cas où l'olivier aurait soif.
La production de l'huile d'olive est l'une des activités principales du village, souvent transmises de génération en génération. Cette culture vise avant tout à nourrir son homme, non à l'enrichir. Une belle façon de voir la vie !
Le quartier de Fontaine Basse, où vivaient les artisans de Gordes, rappelle aussi le passé artisanal et la réputation du village pour ses métiers manuels comme la cordonnerie, la tannerie ou encore la filature de soie. D'anciennes usines, près des ruisseaux, furent transformées en propriétés privées ou en ateliers d'artistes.

Dominant la plaine de Cavaillon, les maisons en pierres sèches et ses jardins en étages font de Gordes un village provençal au charme exceptionnel.

C'est ainsi que Gordes a été habité par Marc Chagall, André Lhote ou encore le photographe Willy Ronis... mais c'est vraiment Victor Vasarely, le célèbre peintre d'origine hongroise, spécialiste de l'art optique, qui a donné à Gordes une renommée artistique mondiale.

POUR VIVRE HEUREUX, VIVONS CACHÉS

Rien de tel en été qu'une visite des caves troglodytiques bien fraîches du palais Saint-Firmin où vin, foin et autres grains étaient stockés autrefois.

Direction le palais Saint-Firmin. Une superbe maison bâtie sous la Renaissance, qui a connu les ravages de la Seconde Guerre mondiale. La voici aujourd'hui ré-ouverte au public grâce à ses propriétaires qui l'ont entièrement rénovée. Il s'agit tout simplement de la seule maison privée classée de Gordes. Au moment de la rénovation, les propriétaires du palais Saint-Firmin ont fait une découverte incroyable : un labyrinthe de caves troglodytiques creusées sur sept niveaux. Spectaculaire ! De nombreuses lampes à huile ont été découvertes sur les lieux, traces émouvantes du travail des hommes qui ont ici creusé. Une véritable vie souterraine existait autrefois à Gordes. À défaut d'avoir de l'espace à l'horizontal, on en cherchait à la verticale ! On stockait ici le grain, on se servait de ces caves comme moulin à huile, et le bétail y dormait. Dans ces cavités aussi se retrouvaient les habitants du village pour venir prier. C'était également un bon moyen pour chercher un peu de fraîcheur. Les visiteurs aujourd'hui ne s'y trompent pas, et c'est ici qu'ils viennent en nombre chaque été pour échapper à la chaleur. De magnifiques jardins terminent désormais d'orner ce magnifique monument historique de Gordes. De quoi se prélasser en toute beauté...

Impossible de venir à Gordes sans visiter son château fort. Sa particularité : il n'a quasiment jamais été habité. Pour preuve, au premier étage, la somptueuse cheminée Renaissance, sculptée dans un pan de mur, est comme neuve car peu utilisée. Ce château, difficile d'accès, et donc sensible en terme de sécurité pour les seigneurs, ne servait qu'à accueillir les gardes, les concierges, ou encore des prisonniers. On y stockait aussi certaines marchandises. Des toits du château, on dispose d'un point de vue magnifique à 360° sur tout le village, la région proche et une tourelle du XIIe siècle, la partie la plus ancienne du château. En sortant, un peu plus loin, on s'arrête près de l'aumônerie Saint-Jacques. Longtemps considérée comme une chapelle ou une salle des gardes, cette aumônerie accueillait tous les pèlerins sur le chemin de Saint-Jacques-de-Compostelle. On retrouve même dans l'ornementation la fameuse coquille Saint-Jacques.

LE VILLAGE PRÉFÉRÉ DES FRANÇAIS

UN HAVRE DE PAIX

À quelques encablures de Gordes se trouve l'abbaye de Sénanque, l'un des trésors de l'art roman, créée au XIIe siècle par les cisterciens.

À quelques pas du centre de Gordes, à moins de deux kilomètres, se trouve l'abbaye cistercienne de Notre-Dame de Sénanque. La bâtisse qui date du XIIe siècle est nichée en pleine nature au milieu des champs de lavande. Elle marque par l'élégance de sa simplicité. On y accède par un chemin escarpé et mieux vaut avoir réservé sa visite des lieux où vivent encore des moines. L'occasion de découvrir leur dortoir, le cloître et surtout l'église au style dépouillé. Apprécions au passage les vitraux de Louis-René Petit, maître verrier, réalisés en 1994. Leurs couleurs sobres et chaleureuses terminent d'illuminer la beauté naturelle de cette bâtisse de pierre blanche. D'ailleurs, la région recèle à quelque six kilomètres un musée de l'Histoire du vitrail et du verre, du Moyen Âge à nos jours. Passionnant !

Le coup de cœur de Stéphane Bern

LE VILLAGE DES BORIES, à 4 km de Gordes.

On compte près de 400 de ces habitations de pierres sèches superposées sur le territoire de Gordes, construites à partir du XVIIe siècle. Ces bories servaient à abriter les bergers ou les paysans. Il s'agit ici d'un véritable village, avec ses ruelles, sa bergerie, sa magnanerie pour l'élevage des vers à soie, etc. Restauré, classé Monument historique, ce village laisse une trace réelle et presque palpable de la culture et des traditions locales d'autrefois.

À ne pas manquer

- Les ruelles pavées
- Le palais Saint-Firmin et ses caves
- Le château
- L'abbaye Notre-Dame de Sénanque
- Le village des bories

Se renseigner

- Office de tourisme de Gordes
Le Château
84 220 Gordes
Tel 04 90 70 02 75
www.luberoncoeurdeprovence.com
voir aussi
www.gordes-village.com

Lourmarin

RÉGION PROVENCE-ALPES-CÔTE D'AZUR

Département du Vaucluse

« UN VILLAGE À L'AIR NOBLE »

Au milieu des oliviers et des vignobles, le village de Lourmarin semble dominé par son majestueux château. De tout temps, la vie s'est articulée autour de cet édifice, classé Monument historique et restauré avec passion par son propriétaire en 1920. À la mort de ce dernier, le château fut légué à l'académie des Arts et des Belles-Lettres d'Aix-en-Provence. Il accueille aujourd'hui de jeunes talents. Village d'artistes, Lourmarin attira de célèbres écrivains comme Albert Camus et Henri Bosco, qui reposent dans le petit cimetière. Pour comprendre l'histoire du village, il faut arpenter ses paisibles ruelles bordées de fontaines qui débouchent sur de jolies places ombragées. Ne quittez pas ce cadre idyllique sans avoir dégusté la spécialité locale, le gibassier, une galette sucrée à l'huile d'olive. Comme un goût de Provence en bouche !

EN ROUTE POUR LE MARCHÉ PROVENÇAL

Arriver cheveux au vent, dans l'un des plus beaux villages de France, quel plaisir ! Et surtout, quelle beauté ! Voici Lourmarin, le village aux trois clochers, avec son beffroi, son église et son temple, entouré de vignes et d'oliviers, posé depuis l'époque romaine au pied du massif du Luberon. Première halte quasi obligatoire : le marché provençal. On goûte une tranche de saucisson, on trempe un morceau de pain dans un peu d'huile, mais surtout, on achète des navettes. Il s'agit du biscuit typiquement provençal, aux parfums variés. Les plus traditionnelles restent celles à la fleur d'oranger. Ne pas oublier de croquer dans le gibassier, un biscuit sucré à l'huile d'olive, qui figure sur la liste des treize desserts provençaux. L'histoire du gibassier est intimement liée à celle des chasseurs qui partaient en battue dans le Luberon avec ce biscuit qu'ils glissaient dans leur... gibecière. Et le nom est resté ! Pour fabriquer le gibassier, il faut étaler la pâte, former un bel ovale qu'il s'agit ensuite d'entailler comme les nervures d'une feuille. Ne reste plus qu'à le passer au four puis à le déguster.

LE CŒUR DU VILLAGE

Lourmarin attire pour sa douceur de vivre, mais aussi parce que ce n'est pas si loin de Paris, facilement accessible en train. Vu du ciel, on s'aperçoit rapidement que les rues et ruelles du village sont construites en colimaçon pour arriver au sommet du beffroi central. Cette balade est agrémentée de places et de huit fontaines. La fontaine moussue du XVIe siècle, sur la place des trois cafés, est la plus vieille du village. On y trouve même quelques poissons qui paressent. La tradition veut qu'on se place dos à la fontaine et qu'on y jette une, deux, voire trois pièces pour porter bonheur. De quoi faire la joie des enfants de Lourmarin qui viennent y pêcher, non pas les poissons, mais les pièces !

À L'OMBRE DES GRANDS HOMMES

Une autre des fontaines renommées date de 1820. Il s'agit de la fontaine Albert-Camus. En effet, l'auteur de littérature et prix Nobel s'est installé à Lourmarin vers 1950 car ce village lui rappelait son Algérie natale. D'ailleurs, aujourd'hui, l'auteur repose au cimetière du village. Sa tombe est simple, avec une pierre au milieu de la végétation. Albert Camus a laissé un souvenir chaleureux. Les anciens parlent de lui comme d'un ami mais surtout comme d'un Lourmarinois. Le plus beau des hommages qui puisse lui être rendu ! Le cimetière abrite aussi la tombe d'un autre romancier, Henri Bosco, l'auteur du *Mas Théotime*, et autres succès tous dédiés à la gloire provençale.

LE CUBE D'OR

Tel est le surnom donné par Henri Bosco au château de Lourmarin, en raison de sa couleur dorée sous le soleil de Provence à la tombée du jour. Une merveille ! Il recèle une partie médiévale, du XVe siècle, avec une tour de bossage, et une aile Renaissance érigée au XVIe siècle. Il s'agit même du premier château Renaissance en Provence, construit

en 1536, d'où quelques erreurs de style, qui donnent aujourd'hui tout son charme à l'endroit. À l'intérieur, son escalier à vis à double torsade impressionne les visiteurs et permet de relier les deux parties. Chaque marche est taillée dans la même pierre, part du mur pour épouser la forme de la torsade à 360°. Un travail de précision colossal ! Le château a été rénové à partir de 1920, grâce au concours de son propriétaire, Robert Laurent-Vibert. Arrivés au sommet, les visiteurs rencontrent souvent Cyril, qui perpétue ici la tradition de la fauconnerie. Ne pas s'étonner si l'on croise un faucon au gré de sa promenade. Un vrai spectacle, un ballet magique dans un décor magnifique ! D'autres spectacles tout aussi féeriques ont lieu partout dans l'enceinte du château, depuis qu'il a été transformé en fondation dédiée aux artistes. Des peintres ou des musiciens s'exercent souvent pour le plaisir des visiteurs du jour, et organisent chaque année des concerts de musiques diverses, des plus anciennes aux plus actuelles. Un château qui vit toujours en ébullition.

Le coup de cœur de Stéphane Bern

LA FERME DE GERBAUD. À 3 km au nord de Lourmarin. Un lieu hors du temps, sur plusieurs hectares, où l'on découvre l'univers des plantes aromatiques et médicinales, à deux pas des lieux de tournages de *Jean de Florette* et *Manon des sources*. Une vraie carte postale ! En revanche, les connaissances des bienfaits de chacune des plantes restent bien réelles. Paula, la propriétaire, raconte avec passion les légendes et autres histoires liées aux « petites herbes de Provence ».

À ne pas manquer

- Le Café de la Fontaine
- Le château
- Les tombes d'Albert Camus et Henri Bosco au cimetière
- La ferme de Gerbaud

Se renseigner

- Office de tourisme
Place Henri-Barthélémy
84 160 Lourmarin
Tel 04 90 68 10 77
www.lourmarin.com

Nonza

RÉGION CORSE

Département de la Haute-Corse

« LE VILLAGE AU SABLE NOIR »

En remontant la côte ouest du Cap Corse, posé entre la montagne sauvage et la douce Méditerranée se trouve une perle brute nommée Nonza. Ce petit village au charme vertigineux a planté ses racines au sommet d'une pointe rocheuse de l'île de beauté d'où ses magnifiques maisons aux toits de lauze regardent la mer. Celui qui fut au Moyen Âge une place forte, puis le théâtre d'une des dernières batailles pour l'indépendance de l'île au XVIIIe siècle, est aujourd'hui un charmant village où il fait bon vivre et qui domine une étonnante plage de galets noirs.

UN VILLAGE DE CARTE POSTALE

Dès que l'on pose un pied à Nonza, on aime l'atmosphère qui règne en ces lieux. Aucune voiture n'y circule. Les étroites ruelles sont donc propices à la balade. On découvre émerveillé toutes ces maisons blotties les unes contre les autres, coiffées de leur toit de lauze. On croise toujours, entre deux escaliers, quelqu'un que l'on connaît. Signe d'une immense convivialité. Attention, en revanche, il faut marcher, ça monte et ça descend ! Les panoramas sensationnels s'enchaînent. Toutes les demeures ont des vues imprenables sur la mer. Absolument splendides ! On se retrouve sur les terrasses pour apprécier le paysage et observer l'horizon. Parfois, on domine même la mer, la plage, les rochers… sublime !
L'un des points de vue les plus spectaculaires est le Cabitsoul, ce qui signifie le « cap seul », la « tête seule ». C'est aujourd'hui la demeure de Frédérique, une des historiennes de la ville. Ce promontoire avancé dans la mer avait une fonction particulière puisqu'il servait

de sémaphore, ou de mirador qui permettait de se défendre et de se protéger en cas d'attaque. Frédérique aime rappeler l'une des particularités de Nonza : si toutes les maisons sont collées les unes aux autres, les raisons sont multiples. Pratique, d'abord. Parce qu'à chaque fois qu'on érigeait une maison il fallait s'adapter, tout simplement, à l'existant. Cela permettait de les consolider. Convivial ensuite. Il y règne une vie communautaire puisque quasiment l'ensemble de ces demeures qui sont au centre du village communiquent par leurs greniers. Enfin une raison plus stratégique, au cas où il y aurait un problème d'insécurité. Car les habitants du village devaient pouvoir s'échapper !

COMMENT NAISSENT LES LÉGENDES

Le centre névralgique de Nonza, c'est la place du village et la terrasse du Café de la Tour. C'est ici, sous les platanes, qu'on vient jouer aux cartes entre amis, s'asseoir boire un verre, ou écouter les chanteurs corses. Mais on y pratique surtout la magagne, une façon gentille et légère de se taquiner entre soi. On se répond, il y a échange, dialogues, un vrai spectacle entre les générations. Nonza, c'est ça. Une ambiance de franche camaraderie et des rires qui raisonnent inlassablement jusqu'à la majestueuse tour Paoline, en schiste gris-vert, qui domine le village. Elle aurait été construite à la fin du XVIIIe siècle, à l'emplacement d'un ancien fort gênois, à la demande du « général de la nation corse », Pascal Paoli lui-même. Elle surplombe toute la falaise de façon merveilleuse, impérieuse et digne à la fois. Au sommet, on éprouve un sentiment de quiétude et de force. Cette tour représente la domination des Corses sur les Français, et les nombreuses tentatives de ces derniers pour les faire plier. Nonza devient au XVIIIe siècle un lieu stratégique que la marine française doit à tout prix conquérir. Le 24 août 1768, les voiles du navire *Le Sagittaire* se dessinent à l'horizon avec dans leur sillage pas moins de 1 200 soldats français qui menacent le village. C'est alors qu'un homme, devenu célébrissime, le capitaine Casella, commence à défendre cette tour avec une poignée d'hommes. La légende garde en mémoire que Casella, unijambiste, arrive à résister, à leur faire peur, à les faire reculer grâce à un stratagème, une mise en scène de ficelles et de fusils qui provoquent des explosions et des tirs dans tous les sens, laissant croire à une armée fort nombreuse. Les Français, quand Casella se rendra, découvriront, ébahis, le héros debout sur sa seule jambe, défait, mais avec les honneurs.

DE LA POÉSIE À CIEL OUVERT

L'une des particularités de Nonza, c'est aussi sa plage de galets noirs. Elle s'est formée il y a quelques dizaines d'années à partir des pierres inexploitées d'une carrière toute proche, un bout de montagne qui s'est déposé progressivement. Il s'agit même d'un petit échantillon de la géologie du Cap. On y trouve du schiste et de la serpentine. Cette plage attire les vocations. Florence, nonzaise depuis toujours et artiste, travaille les pierres blanches de la plage et dessine des figures gigantesques, afin qu'elles soient admirées depuis les hauteurs du village ou du ciel. D'autres visiteurs s'amusent eux à laisser des messages à leurs bien-aimés. Souvent des déclarations ou des demandes en mariage fleurissent sur le sable noir ! Un ravissement naturel ! L'éblouissement de l'environnement ne s'arrête pas là. À Nonza, le maquis regorge d'une végétation luxuriante. Les restaurateurs alentour viennent y puiser du myrte, du romarin, voire des asperges sauvages, qu'ils agrémentent, au gré de leurs envies, d'un poisson, de cédrat ou d'un peu d'oursins. De quoi faire saliver les gourmands venus visiter la belle Nonza !

Le coup de cœur de Stéphane Bern

SAINTE JULIE. La patronne de la Corse est présente dans tous les coins et recoins de la ville. Il y a la fontaine Sainte-Julie tout d'abord, toute blanche et surmontée de sa croix. L'histoire retient que les seins de la sainte aurait été tranchés ici par son bourreau, et jetés sur un rocher. La source de cette fontaine aurait alors jailli de ces seins tranchés. Mais surtout pénétrez dans l'église Sainte-Julie, construite au XVIe siècle et admirez son imposant maître-autel baroque et la peinture représentant sainte Julie crucifiée par les romains.

À ne pas manquer

- La tour Paoline
- La plage de sable noir
- L'église Sainte-Julie
- La fontaine Sainte-Julie
- Le Café de la Tour

Se renseigner

- Office de tourisme de Bastia
Place Saint-Nicolas
20 200 Bastia
Tel 04 95 54 20 40
www.bastia-tourisme.com
voir aussi
www.nonza.fr

Sant' Antonino

RÉGION CORSE

Département de Haute-Corse

« ÉDIFIÉ SUR UN PITON DE GRANIT »

Nid d'aigle accroché à plus de 500 mètres au-dessus de la plaine de Balagne, Sant'Antonino, né au IXe siècle, est vraisemblablement le plus vieux village de l'île de Beauté. Ce village semble faire corps avec la roche. Les maisons, soudées les unes aux autres, s'enroulent autour du piton granitique telles un labyrinthe pour mieux résister à l'éventuel envahisseur. En grimpant le long des ruelles pentues, de charmants passages couverts se dévoilent. Au sommet, les vestiges d'anciennes fortifications et une partie d'un donjon offrent un panorama à couper le souffle. En contrebas, le clocher à trois étages de l'église baroque pointe le bout de son nez. Un village dont la quiétude est uniquement rompue par le braiement des ânes qui arpentent les ruelles !

UN NID D'AIGLE

Partons vers l'île Rousse en Corse, plus précisément vers Sant'Antonino, village situé sur un piton rocheux, à 500 mètres d'altitude, le plus haut village de Balagne. La journée y est inlassablement rythmée par l'arrivée au petit matin du boulanger dans son camion blanc. Il connaît les prénoms de chacun, les préférences de chacun. Un pain aux céréales par-ci, une baguette par-là... Très pratique pour les personnes qui ne peuvent pas se déplacer. Et un repère pour tous les habitants du coin ! Quand ce n'est pas le jeudi, jour où le camion du boucher vient aussi approvisionner la centaine d'habitants. Un vrai moment convivial où tout le monde se retrouve, papote et partage les dernières informations.
Souvent on parle de Michel Fugain, l'un des fervents admirateurs de ce village qu'il connaît et fréquente depuis des années. Il y a loué des maisons, notamment au sommet, avec piano à queue à disposition. L'idéal pour composer et imaginer certaines de ses plus belles mélodies ! Il faut avouer que le cadre s'y prête particulièrement bien et invite à la rêverie avec les vignes et la mer à l'horizon. Quand ce n'est pas la végétation, où se mêlent les odeurs de fleur d'oranger et de jasmin qui embaument nos idées. Un vrai délice ! Pas rare non plus, au hasard d'une ruelle pavée, de croiser des connaissances, des personnalités locales, d'anciens taverniers avec qui se remémorer les belles années, comme à la terrasse de la Taverne corse, où se fut plus d'un soir « le big bazar », cher à Michel Fugain !

ZEN, SOYONS ZEN

Remarquons tout d'abord qu'aucune voiture ou presque ne vient perturber le silence de cette citadelle du IXe siècle, véritable refuge avec ses venelles pavées en forme de spirale labyrinthique. Cette spirale a été pensée pour protéger les habitants de la région, à l'époque où les pirates hantaient la Méditerranée. Ici, ils ne cherchaient pas de trésor, mais plutôt une population à réduire en esclavage pour la revendre en Orient. Pour éviter ces razzias, Sant'Antonino présente de nombreux passages voûtés où viennent s'imbriquer les maisons, avec des portes de pierres, sur lesquels des vantaux accrochés permettaient de fermer la porte aux étrangers. Et pour éviter la venue des pirates, les habitants de Sant'Antonino n'oubliaient pas de prier, comme dans la magnifique petite chapelle de confrérie qui jouxte l'église paroissiale. L'intérieur rappelle clairement que la Corse fut sous le joug de Gênes jusqu'au XVIIIe siècle, avec une décoration italienne riche, à dominante baroque.

ÂNE À TOUT FAIRE

Pour poursuivre la visite de la façon la plus paisible qui soit, empruntons l'âne avec Bastien, réputé dans tout le village. L'âne fut pendant longtemps le meilleur moyen pour les habitants de remonter l'eau de la source jusqu'au village, une tâche qui incombait bien souvent aux femmes avant l'arrivée de l'eau courante. Maintenant, on ne fait que se promener sur les chemins de pierres, à la découverte d'un panorama à s'extasier, sur le dos de l'âne. La vraie magie vient au bout du chemin, lorsque l'on se trouve face à la plus vieille fontaine du village. Elle date du IXe siècle. Tous les habitants y sont venus au moins une fois, et tous disposent de leur propre technique pour remplir à leur manière les gourdes et autres bouteilles ! L'âne n'a pas fini d'être utile au village. Côté plaine, Vincent continue la culture de l'olive et surtout la production de l'huile d'olive. Pour ce faire, il suffit de glisser des filets sous les arbres pour ensuite ramasser les olives et broyer la récolte grâce à l'âne du meunier, bien sûr, à coup de « Tê ! Tê ! » pour le faire avancer. Pas facile, car l'âne mérite sa réputation de têtu... Mais une fois lancé, l'animal enchaîne les tours, et c'est à nous d'avoir le tournis ! Un vrai savoir-faire de part et d'autre. La pâte d'olive obtenue est ensuite glissée dans de grands scourtins, et enfin pressée pour obtenir la divine huile d'olive.

AUTHENTICITÉ GARANTIE

Il faut absolument s'arrêter dans l'une des tavernes du petit village, de préférence le soir, quand les visiteurs sont partis et faire comme les habitants de Sant'Antonino. L'occasion de se régaler des trésors locaux, comme la charcuterie, le brocciu en omelette par exemple et l'huile d'olive du village, sur un peu de pain. Le paradis existe ! Il est à Sant'Antonino !

Le coup de cœur de Stéphane Bern

L'ÉGLISE DE LA TRINITÉ ET DE SAN GIOVANNI

Nichée dans l'enceinte du cimetière d'Aregno, à 2 km, elle fait néanmoins partie du territoire communal de Sant'Antonino. Datée du XIIe siècle, elle est l'un des plus beaux exemples pisans de Corse. Son architecture polychrome présente un décor sculpté sur l'ensemble de ses côtés extérieurs avec des motifs aussi variés qu'étranges. À l'intérieur, vous pouvez admirer des peintures du XVe siècle. Vous ne serez pas déçus !

À ne pas manquer

- L'église de l'Annonciation
- Le village avec ses venelles pavées et ses passages voutés
- La chapelle de Lavasina
- La balade à dos d'âne
- L'église de la Trinité et de San Giovanni

Se renseigner

- Office de tourisme de Calvi Balagne
Port de Plaisance
Chemin de la plage
20 260 Calvi
Tel 04 95 65 16 67
www.calvi-tourisme.com

DU LITTORAL CHARENTAIS AUX PYRÉNÉES

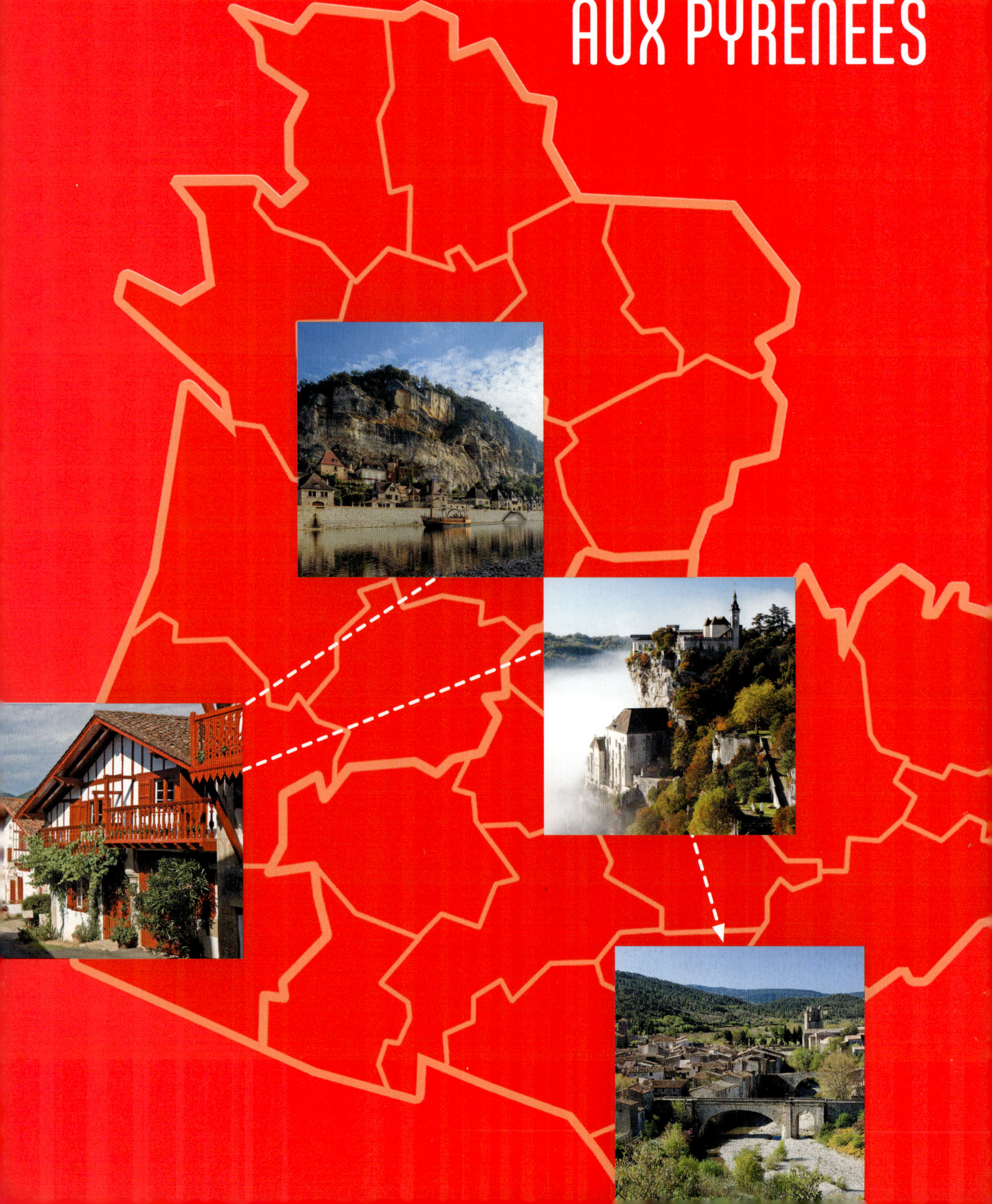

EN PASSANT PAR LA CÔTE BASQUE

La Roque-Gageac

RÉGION NOUVELLE-AQUITAINE

Département de la Dordogne

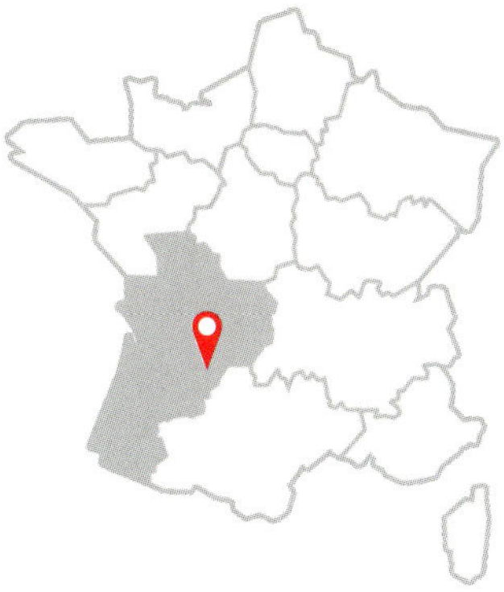

« UN VILLAGE TROGLODYTIQUE »

Niché entre une impressionnante falaise et la Dordogne, le village de La Roque-Gageac est assurément un lieu unique. Comment ne pas se laisser captiver par son majestueux manoir, témoin de la Renaissance, mais également par cet impressionnant jardin exotique, où bambous et plantes tropicales s'épanouissent grâce au microclimat qui règne sur La Roque-Gageac. Parfois surnommé « le petit Nice du Périgord », le village offre un cadre de vie exceptionnel où la douceur de vivre et l'accueil chaleureux de ses habitants sauront vous séduire. Empruntez l'une des charmantes ruelles qui mènent à la rivière et embarquez à bord d'une gabarre pour admirer le village sous un autre angle.

DE HAUT EN BAS

Avec ses jolies maisons aux toits sombres, toutes ramassées, la Roque-Gageac est un village unique, à flanc de falaise, qui domine la Dordogne et qu'il faut appréhender par le cours d'eau majestueux qui s'écoule à ses pieds. Vite ! Grimpons à bord d'une gabarre. Voici un navire à fond plat, ponté ou non, qui servait au transport des matériaux, du sel ou du bois, avec un mât, une voile ou bien à l'aviron, entre la Roque-Gageac et Bordeaux. Michel, notre guide sur la Dordogne, a entrepris de réhabiliter ce moyen de transport en 1986, avec l'aide d'un charpentier marin. Depuis, des milliers de visiteurs ravis empruntent son embarcation et perpétuent ainsi la tradition d'un patrimoine fluvial régional. On a le sentiment de remonter et le cours d'eau, et le temps. Un instant magique ! Les promeneurs aiment aussi gravir les 140 marches qui permettent d'atteindre le fort troglodytique du XIIIe siècle de La Roque-Gageac. Du sommet, le panorama sur la Dordogne et les environs est à couper le souffle ! Cet incroyable fort a été creusé directement dans la roche. Doté d'une garnison, il assurait le contrôle du passage sur la Dordogne et surveillait toutes les rues du village. Aujourd'hui, on apprécie davantage le passage des montgolfières. Toujours aussi vertigineux mais moins dangereux...

Norbert
Norbert

UN MICRO-CLIMAT

Pour percer la magie de ce village, il n'y a pas que le point de vue depuis le fleuve et le fort. Il faut aussi savoir se perdre dans les ruelles bordées de maisons aux pierres jaunes et surtout ne pas hésiter à gravir de nombreux escaliers, dévaler la pente de jardins et s'arrêter ému devant la beauté des paysages... La Roque-Gageac est aussi réputée pour son micro-climat. Pourquoi ? Tout simplement parce que sa situation, collée à la falaise, lui permet de profiter de l'ensoleillement emmagasiné par la falaise, qu'elle restitue la nuit et une partie de l'année. De quoi augmenter la chaleur de 5 à 10 °C par rapport aux températures ressenties en plaine ! L'occasion rêvée d'une floraison d'espèces originales, qui égaient à merveille les rues et ruelles de la cité. À tel point qu'un jardin exotique a même été créé en 1968 par Gérard Dorin, habitant de La Roque-Gageac, diplomate de profession et passionné de botanique qui a profité de ses nombreux voyages à travers le monde pour récolter des graines... Pas rare de croiser un laurier à côté d'un citronnier, des bananiers jouxtant les fameux oiseaux de paradis. Tous les Laroquois ont à cœur d'entretenir et de préserver cette richesse unique, qui accueille chaque année de nombreux visiteurs du monde entier.

CULTURES DIVERSES

Mais d'autres plantes poussent aussi dans les champs autour du village : des asperges ! La terre sablonneuse, spécifique de la Dordogne, est idéale pour faire pousser cette plante vivace que l'on retrouve souvent à la carte de nombreux restaurants des alentours. Régis, restaurateur, livre sa recette pour bien les agrémenter : un peu de beurre, une coloration légère, sans massacrer les pointes. Voici le secret ! Une fois les asperges cuites à souhait, Régis les marie avec un flan... au foie gras bien sûr ! On est en terre périgourdine, non ?

Le coup de cœur de Stéphane Bern

LES MONTGOLFIÈRES DU PÉRIGORD. Quoi de plus magique que de survoler le village de La Roque-Gageac à bord d'une montgolfière ? C'est précisément ce que proposent les Montgolfières du Périgord. Au calme, dans sa nacelle, voici l'occasion, en amoureux, entre amis ou en famille, de partager un moment unique. L'occasion aussi, peut-être, de découvrir la richesse des nombreux châteaux environnants, entre Beynac, Castelnaud, ou encore Milandes mais aussi les jardins de Marqueyssac. Bref, un moment inoubliable et particulièrement approprié.

À ne pas manquer

- Le village
- Les gabarres
- Le fort troglodytique
- Le jardin exotique

Se renseigner

- Office de tourisme

Le Bourg
24 250 La Roque-Gageac
Tel 05 53 29 17 01
www.sarlat-tourisme.com

Sare

RÉGION NOUVELLE-AQUITAINE

Département des Pyrénées-Atlantiques

« UNE ENCLAVE DANS LA NAVARRE ESPAGNOLE »

Avec ses 36 km de frontière, cette enclave française s'enfonce dans la Navarre espagnole. Une situation qui a jadis fait les beaux jours du village grâce à la contrebande. Nous sommes ici en plein territoire légendaire de l'Axuria et de la Rhune, montagne mythique du pays, domaine des vautours et des « pottok », ces petits chevaux sauvages basques. Dans le bourg, certaines maisons datent des XVIIe et XVIIIe siècles, et témoignent de la richesse acquise par la pêche à la baleine et à la morue ! Aujourd'hui Sare porte fièrement ses traditions, celles de la fête et du sport.

LA MAISON, PIVOT CENTRAL DE LA FAMILLE

Il faut arriver à Sare au petit matin quand les brumes se dissipent sur les montagnes légendaires de la région. On s'aperçoit que Sare est un village où les différents quartiers sont très espacés les uns des autres. Mieux vaut avoir un bon bâton de pèlerin pour partir à sa découverte ! Commençons la visite par le quartier Ihalar, le plus ancien de Sare, construit sur la forme d'une bastide, c'est-à-dire une ruelle principale avec toutes les maisons colorées à colombage qui sont accolées les unes aux autres et toutes exposées côté est, pour se protéger du vent et du mauvais temps. Ces maisons ont souvent plus de 500 ans ! Leur état de conservation est remarquable. Quel plaisir de croiser sur le pas de leurs portes les propriétaires ravis de venir à la rencontre des visiteurs d'un jour ! Certains évoquent l'histoire de leur quartier avec gourmandise, se souviennent de l'époque où tous, petits et grands, avec le bétail, vivaient sous le même toit de ces fermes typiques de la région. Ici, on ne s'appelle pas par son patronyme, mais par sa situation géographique : la maison près du pont, près du chêne, près de la rivière. Car la maison est un membre de la famille à part entière. Et l'occasion de glaner de nombreux surnoms au passage. Cette architecture unique donne une belle homogénéité à l'ensemble du village.

Le quartier Ihalar, avec son alignement bien ordonné de maisons à colombage, de part et d'autre de la rue, a fait la renommée du village de Sare.

AUX MARGES DES FRONTIÈRES

Au gré des balades dans Sare, il n'est pas rare de régulièrement franchir une « muga », borne qui délimite la frontière entre la France et l'Espagne. Les enfants adorent jouer autour de la « muga » et sauter d'un pays à l'autre d'un simple pas de côté. Mais cette frontière était aussi le terrain de jeu des contrebandiers soit Basques français, soit Basques espagnols, qui faisaient passer ici des marchandises. Ces pratiques permettaient ainsi aux familles de vivre plus confortablement. Désormais, cela est révolu, toutefois on apprécie toujours d'aller faire le plein de denrées dans les *ventas* espagnols de l'autre côté de la frontière.

DOLCE VITA À LA MODE BASQUE

Sare propose aussi un cadre de villégiature reposant à ses visiteurs. On s'arrête près de l'Hôtel-Restaurant Arraya, on contemple le clocher de l'église, la mairie et, surtout, le fronton, un des plus grands de la région, une aire de jeu pour pratiquer la pelote basque, mais aussi une aire de fête. Une vraie institution ici ! On s'y donne rendez-vous en famille ou entre amis, et ce dès le plus jeune âge ! Certains habitants y voient même l'âme du village, c'est dire ! Tous les enfants ont un jour

essayé d'y taper la balle. Eñaut, l'un d'entre eux, n'hésite pas d'ailleurs à prodiguer ses conseils (avisés !) pour bien pratiquer. Comme un futur champion, il a ses rituels, fixe des sparadraps sur ses doigts avec méticulosité. On appelle cela le « taco », l'idéal pour jouer avec une balle très dure. Eñaut prend son élan et lance la balle contre le fronton en s'écriant « Diou », un terme basque qui signifie « je frappe ». Il annonce alors à ses partenaires de jeu qu'il engage la partie. Tous se tiennent prêts à riposter. On retient notre souffle. L'un d'eux renvoie. La partie est bien partie... Nombreux sont les visiteurs, connus ou anonymes, venus découvrir ce sport typique du pays basque. En 1907, on se souvient du passage du roi d'Angleterre, Edouard VII, venu, paré de son haut-de-forme, apprécier une partie de pelote basque. La réputation de Sare en la matière n'est donc vraiment plus à faire !

Le petit train de la Rhune, institution locale, grimpe à 905 mètres d'altitude, à un rythme suffisamment lent pour apprécier le magnifique paysage.

ATTENTION AU DÉPART !

Une des attractions phare de Sare reste le petit train de la Rhune qui mène les touristes au point culminant de la région, à 905 mètres d'altitude. Attention, il ne faut pas être pressé ! Il ne grimpe qu'à 9 km/h. Une aubaine pour admirer le paysage à vous couper le souffle. Arrivée au sommet, le conducteur tourne la manivelle, descend en marche arrière de sa cabine et invite les visiteurs à distinguer les particularités de la région. Il n'est pas rare d'y croiser les « pottok », de petits chevaux basques en liberté, autrefois utilisés pour le travail à la mine. Pas rare non plus d'entendre au détour d'un café des habitants de Sare, les Saratars, chanter dans leur langue, le ciment même de la culture basque, pour honorer avec leurs voix les mille et une beautés du pays basque, non sans fierté.

UN SAVOIR-FAIRE D'ANTAN

Impossible de venir à Sare sans goûter cette merveille. Au musée du gâteau basque, sur la D406, vous pourrez même apprendre à le cuisiner en atelier. Si vous ne vous sentez pas l'âme d'un chef, profitez de l'occasion pour en acheter quelques-uns avant de quitter la région. Certains l'apprécient fourré à la crème pâtissière, d'autres avec de la confiture de cerise noire. Dans tous les cas, ici, vous aurez le choix !

Le coup de cœur de Stéphane Bern

L'ÉGLISE SAINT-MARTIN. Situé au cœur du village, l'église Saint-Martin est l'une des plus majestueuses du pays basque. Construite au XIIe siècle, elle fut rehaussée au XVIIe grâce au célèbre écrivain Pedro Axular. L'intérieur est époustouflant : trois étages de galeries en chêne sculpté avec des balustres en bois tourné. En sortant, ne manquez pas le cadran solaire qui indique : « Toutes les heures blessent l'homme, la dernière l'envoie au tombeau. » À méditer !

À ne pas manquer

- Le quartier d'Ihalar
- Le fronton
- Le petit train de la Rhune
- L'église Saint-Martin

Se renseigner

- Office de tourisme de Sare
Quartier Bourg
64 310 Sare
Tel 05 59 54 20 14
www.sare.fr

Rocamadour

RÉGION OCCITANIE

Département du Lot

« LA CITADELLE DE LA FOI »

Rocamadour, dressée à la verticale au-dessus du canyon de l'Alzou, est un miracle d'équilibre. Cette cité médiévale a été construite en étage sur trois niveaux : le peuple en bas, le clergé au milieu et les seigneurs sur ses hauteurs. Des milliers de visiteurs viennent chaque année admirer son sanctuaire, sa vierge noire qui protège les marins ou ses reliques de saint Amadour qui font de ce village un lieu de pèlerinage unique au monde. Au passage, rares sont ceux qui n'apprécient pas le célébrissime fromage de chèvre de Rocamadour, un produit à déguster sans modération !

UN AMOUR FOU LÉGENDAIRE

La légende de Rocamadour commence dans notre assiette. Plus particulièrement en fin de repas, au moment du plateau de fromages ! Avant même d'arriver dans le village situé sur le chemin de Compostelle, prenons des forces et arrêtons-nous aux portes du village dans l'élevage d'Alain pour découvrir la fabrication de ce célèbre fromage au lait cru de chèvre. On aperçoit son cheptel à l'heure de la traite, quand leurs pis sont remplis de lait. Elles rentrent presque en file indienne aidées en cela par les chiens d'Alain qui comprennent les mots de patois local. « Douchement » et « Passe devant ». De quoi nous donner l'envie d'aller explorer ce village escarpé, après avoir fait le plein de fromages !

AMADOUR RIME AVEC AMOUR

À Rocamadour, tout commence avec le culte d'Amadour. Fou d'amour pour sa femme disparue, il se laissa mourir de désespoir au pied de ce rocher, ce « roc à Amadour », qui donna son nom à cette magnifique cité médiévale. En effet, c'est ici, précisément devant la chapelle troglodytique, qu'en 1166 on trouva le corps d'Amadour, « le serviteur de Marie », totalement conservé. Un miracle avait eu lieu, sans aucun doute, pour les premiers pèlerins qui commencèrent à venir se recueillir sur la dépouille de l'homme amoureux. Les grands de ce monde n'échappèrent pas à ce pèlerinage. Saint Louis, Philippe le Bel, Charles VI ou encore saint Antoine de Padoue défilèrent sur le roc d'Amadour.

VERS LES CIEUX

L'arrivée à Rocamadour a de quoi surprendre. Ce petit village mondialement connu, ne compte que 646 habitants et... une seule rue. Les maisons donnent sur le ruisseau, les églises sur les maisons et le château sur les églises. Mais c'est surtout au sommet que tout se passe. Pour ce faire, il faut grimper les 216 marches. Les pèlerins les montent à genoux pour atteindre le sanctuaire, en prononçant « Je vous salue Marie » à chaque marche, quand les plus jeunes s'amusent à compter, eux, les fossiles bien visibles sur les pierres.
Au sommet, sept chapelles et une crypte souterraine se dévoilent.
La crypte Saint-Amadour, du XIIe siècle, où Amadour se retira et mourut, épouse un style roman épuré. N'oubliez pas aussi de faire une halte dans la chapelle Notre-Dame, avec sa vierge noire qui protège les marins. Étrange me direz-vous puisque la première mer se situe à 200 km ! On trouve d'ailleurs de nombreux ex-voto de navires tout autour. Pourquoi ? La légende raconte que Jacques Cartier, le grand explorateur, aurait imploré Notre-Dame de Rocamadour alors que ses hommes étaient atteints du scorbut pour être finalement sauvés.
Depuis, les marins viennent prier dans cette chapelle, dont la cloche du VIIIe siècle suspendue au plafond annoncerait les miracles. Pour l'heure, personne ne l'a encore entendue sonner !
L'autre lieu emblématique de Rocamadour reste la basilique Saint-Sauveur avec ses nefs qui semblent inscrites dans la falaise. Son orgue merveilleux, qui ressemble à s'y méprendre à une proue de

navire, ne compte pas moins de 1 400 tuyaux. On jettera un œil aux autres chapelles. La chapelle Saint-Michel, par exemple. Elle vaut vraiment le détour. En partie troglodytique, elle était autrefois réservée aux moines. Aujourd'hui, c'est un havre de paix avec une fresque du XIIe siècle à l'extérieur, représentant l'Annonciation à Marie, et une autre à l'intérieur ainsi qu'un Christ en gloire. Mais elle est aussi réputée pour ses magnifiques vitraux. Ils ont été restaurés par Chantal, une vitrailliste qui officie dans l'une des vieilles maisons de la ville basse, la maison de la Pommette. Elle initie tout un chacun à couper des pièces de verre, et à les assembler telle une couturière. Si Chantal apprend les gestes, on peut aussi repartir avec quelques-unes de ses créations.
Toujours dans le sanctuaire, prenons le temps de visiter la chapelle Saint-Louis, autrefois à l'abandon, et où l'abbé Renan, le maître des lieux, a décidé de créer un lieu de culte assez atypique : la chapelle Notre-Dame de l'Ovalie. Ici on célèbre le rugby ! Au point, pour l'abbé Renan lui-même, d'intégrer l'équipe locale de rugby ! Au mur et sous verre, des maillots d'anciens internationaux. Il est un fait désormais acquis : Rocamadour a la pouvoir de transformer les êtres qui passent en ses lieux.

Les chapelles de Rocamadour ont une dévotion particulière, des marins aux... joueurs de rugby !

Le coup de cœur de Stéphane Bern

LA VILLE BASSE DE ROCAMADOUR. Si le sanctuaire au sommet vaut le détour, la ville basse n'est pas en reste. Il faut s'arrêter devant la porte du Figuier, à l'entrée du village, ou devant la porte Hugon, du XIIIe siècle. On découvrira la rue la plus ancienne, la rue de la Mercerie, ou encore la maison de la Pommette, avec son enseigne aux trois pommes, où Chantal la vitrailliste officie pour notre plus grand bonheur.

À ne pas manquer
- Le sanctuaire avec la chapelle Notre-Dame, la crypte Saint-Amadour et la Vierge noire
- La basilique Saint-Sauveur
- La ville basse et la maison de la Pommette

Se renseigner
- Office de tourisme Vallée de la Dordogne
L'hospitalet
46 500 Rocamadour
Tel 05 65 33 22 00
www.vallee-dordogne.com

Lagrasse

RÉGION OCCITANIE

Département de l'Aude

« LA GRÂCE D'UN TABLEAU DE MAÎTRE »

Au milieu des Corbières, découvrez le village de Lagrasse, traversé par la rivière de l'Orbieu. Deux parties bien distinctes se dessinent, reliées par un magnifique pont. D'un côté, la plus grande abbaye de l'Aude, l'abbaye Sainte-Marie, imposant joyau architectural médiéval aujourd'hui habité par une communauté de chanoines très investie dans sa conservation. De l'autre côté, le village. Les rues pavées, au charme pittoresque, débouchent sur une belle place aux maisons classées. Ici, ce n'est pas l'église le centre du village mais le marché ! Les halles, érigées au XIVe siècle, sont emblématiques de Lagrasse. Ce lieu est une invitation à la flânerie, où l'on prend goût à se perdre pour découvrir ses artisans.

UN MOMENT DE PARTAGE

Au cœur du pays cathare, où coule l'Orbieu, au creux de cette riche vallée, partons explorer Lagrasse, charmant petit village médiéval, qui nous accueille avec sa halle du XIVe siècle en son centre, mais aussi son pont de pierre, avec ses deux rives bien distinctes. D'un côté, le bourg médiéval, de l'autre, l'abbaye Sainte-Marie-d'Orbieu. Le pont Vieux du XIIe siècle, avec sa belle arche séparant les deux rives, était autrefois un pont à péage, qui servait pour le transport des marchandises, sur la route unique qui menait vers Carcassonne. L'abbaye Sainte-Marie-d'Orbieu, elle aussi, est séparée en deux. D'un côté la partie médiévale, prospère depuis sa création au XIIe siècle, aujourd'hui gérée par le département. La cour du logis avec un chapiteau de marbre blanc symbolise le pêcher de luxure. Les lieux de vie nous permettent de traverser la chapelle, le cellier ou encore la boulangerie mais surtout d'apprécier la beauté de la chapelle privée de l'abbé et ses peintures polychromes. Une splendeur quasi divine !

Lagrasse est divisé en deux parties distinctes : la vieille ville médiévale d'un côté, et l'abbaye Sainte-Marie-d'Orbieu de l'autre, reliées par le pont Vieux.

De l'autre côté, le monastère des chanoines de Lagrasse offre un lieu tout aussi époustouflant, avec son cloître du XVIIIe siècle, l'église de l'abbaye et la tour-clocher, qui culmine à plus de 42 mètres. Depuis 2004, des moines y perpétuent la vie monacale, non sans restaurer l'ensemble. Il n'est pas rare de croiser l'un des trente-quatre chanoines autour du jardin très original, pièce maîtresse de l'endroit et appelé « jardin de la Bible ». On y retrouve quasiment toutes les plantes présentes dans la Bible. Une petite idée du paradis, assurément ! Quand Charlemagne est arrivé sur ces terres, la vallée était maigre. L'ancien roi des Francs a dit : « faisons de ces lieux une vallée grasse ». Il a doté le monastère, permis qu'une communauté puisse rayonner, cultiver et faire la grâce à Lagrasse. L'abbaye reste un lieu splendide animé en son centre par son grand cloître. Pour le déjeuner, à treize heures pile, les chanoines se retrouvent dans le grand réfectoire, où le repas est donné en silence. Seul le lecteur chante la lecture sur une note continue. Un moment de recueillement fort émouvant.

UN VILLAGE DE CARACTÈRE

Déambuler à travers Lagrasse, c'est assurément faire le plein de découvertes. Les maisons médiévales cachaient autrefois des peintures au plafond terriblement colorées et chatoyantes, dont on admire encore aujourd'hui les dernières traces. Les places délicieuses, les façades de maison envahies de glycines, et les échoppes et autres brocantes permettent aussi de faire le plein de souvenirs. Devant la devanture d'une boulangerie, on garde en mémoire Agnès et Lucien Bertrand qui, durant la guerre, ont hébergé de jeunes juifs, cachés dans leur boulangerie de Lagrasse. Tout le monde le savait, mais personne n'a jamais rien dit. Une histoire qui témoigne l'esprit de tolérance du village, toujours prêt à venir en aide à son prochain. Lagrasse abrite aussi de nombreux artisans. Commençons par une petite visite chez le vinaigrier, l'idéal pour tout connaître sur la fabrication du vinaigre. Et plus particulièrement le vinaigre balsamique. Il s'agit de mettre le jus de raisin dans de grands chaudrons, puis de faire réduire le jus de moitié et de le placer dans des barriques en chêne pendant trois ans. Nature, figue, framboise, mûre, abricot, il y a des parfums pour tous les goûts ! Tout est fait maison, à la main au pressoir, et presque de façon ancestrale. En bouche, on retrouve une acidité combinée à un côté sucré très agréable.

Arrêtons-nous maintenant chez Myriam, qui propose mille et une poteries, toutes plus belles les unes que les autres. Peut-être une occasion de s'essayer à la poterie et au fameux tour de potier ? On se remonte les manches, et on enserre la terre. Le secret de Myriam : c'est le potier qui maîtrise la terre, et non la terre qui embarque le potier. Un vrai savoir-faire ! Et quel plaisir quand les premiers objets apparaissent sous la paume et sous ses doigts ! Toutefois, soyons honnêtes – et réalistes ! – : si les premiers essais ne sont pas convaincants, Myriam vend aussi quelques-unes de ses créations, magnifiquement peintes et très graphiques. De quoi faire bonne figure auprès des siens !

Lagrasse est fière de son artisanat et de ses halles du XIVe siècle.

Le coup de cœur de Stéphane Bern

L'ÉGLISE SAINT-MICHEL. Même si l'abbaye est un véritable chef-d'œuvre, ne passez pas à côté de l'église Saint-Michel, au centre de Lagrasse, sans y pénétrer ! De style gothique méridionale, elle cache dans sa nef, depuis la Révolution, un trésor unique. Statues, tableaux, maître-autel, retable... un riche mobilier qui provient tout droit de sa majestueuse voisine.

À ne pas manquer

- L'abbaye Sainte-Marie-d'Orbieu
- L'église Saint-Michel
- Les Halles
- Le pont Vieux

Se renseigner

- Maison du Patrimoine
16, rue Paul-Vergnes
11 220 Lagrasse
Tel 04 68 43 11 56
www.lagrasse.com

INDEX

I - De la baie de Somme au Jura en passant par les Vosges

II - Des rivages normands à la Vendée en passant par la Bretagne

III - De l'île-de-France au Berry en passant par la vallée de la Loire

INDEX

IV - De l'Auvergne à la Corse en passant par la Provence

V - Du littoral charentais aux Pyrénées en passant par la côte basque

DU MÊME AUTEUR

L'Europe des rois, Lieu Commun, 1988.
Les Couronnes de l'exil, Balland, 1990.
La Monarchie dans tous ses états, Balland, 1992.
Moi, Amélie, dernière reine de Portugal, Denoël, 1997.
Diana, princesse des cœurs, Michel Lafon, 1997.
God Save the Queen, Michel Lafon, 1998.
Rainier de Monaco et les Grimaldi, L'Archipel, 1999.
Mon royaume à moi, Albin Michel, 2000.
Diane de France, la princesse rebelle, Flammarion, 2003.
Un si joli monde, Flammarion, 2006.
Plus belle sera la vie, Plon, 2007.
Grace Kelly, Albin Michel, 2007.
Une vie de chien, Albin Michel, 2009.
Oubliez-moi, Flammarion, 2009.
Au cœur de l'Écosse, avec Franck Ferrand, Flammarion, 2009.
Le Livre fou du roi, Flammarion/Radio-France, 2010.
Secrets d'Histoire, Albin Michel, 2010.
Secrets d'Histoire 2, Albin Michel, 2011.
L'Histoire du mariage princier, catalogue de l'exposition au Musée Océanographique de Monaco, Éditions du Rocher, 2011.
Le Destin d'une reine, Albin Michel, 2012.
Secrets d'Histoire 3, Albin Michel, 2012.
Le Bel Esprit de l'Histoire, Albin Michel, 2013.
Secrets d'Histoire 4, Albin Michel, 2013.
Châteaux royaux de France, Albin Michel, 2013.
Les Pourquoi de l'Histoire, Albin Michel, 2014.
Secrets d'Histoire 5, Albin Michel, 2014.
Les Pourquoi de l'Histoire 2, Albin Michel, 2015.
Secrets d'Histoire 6, Albin Michel, 2015.
Secrets d'Histoire illustrés, Albin Michel, 2015.
Le Village préféré des Français, Albin Michel, 2015.
Les Pourquoi de l'Histoire 3, Albin Michel, 2016.
Secrets d'Histoire 7, Albin Michel, Paris, 2016.
Mon Luxembourg, un pays à découvrir, (photos : Guillaume de Laubier), Flammarion, 2016.
Piques & Répliques de l'Histoire, Albin Michel, 2017.
Vallée royale de l'Eure, de Chartres à Rouen, avec Alexis Robin, Sagamédias, 2017.
Secrets d'Histoire - La Renaissance, Albin Michel, Paris, 2017.
Les Pourquoi de l'Histoire 4, Albin Michel, 2018.

REMERCIEMENTS

Morgane Production remercie tous les habitants des villages pour leur participation et leur accueil.
Morgane Production remercie France 2, France Télévisions Distribution et la direction numérique de France Télévisions

Morgane Production remercie tout particulièrement et chaleureusement Stéphane Bern

CRÉDITS ICONOGRAPHIQUES

Cet ouvrage a été réalisé en partenariat avec l'agence HEMIS.

Première agence photographique française indépendante spécialisée dans les plus *belles images d'Évasion*, Hemis (www.hemis.fr) est devenue la référence du monde de l'édition, de la presse magazine et de la communication d'entreprise grâce à son offre de plus de 20 millions d'images.

Elle valorise le travail de grands photographes du monde du voyage, de l'Art de Vivre, de l'Environnement et de l'Animalier et depuis 5 ans se spécialise sur la France et ses richesses.

hemis-Fr
TRAVEL & LIFESTYLE | IMAGES

Exceptée la photographie suivante :
© Castelli / Andia.fr : p.110

Illustrations :
© Dominique de Dieuleveult

Direction d'ouvrage : Lise Boëll et Estelle Cerutti
Direction artistique : Luc Doligez

Achevé d'imprimer en France par Pollina, Luçon
N° édition : 22060
ISBN : 978-2-226-25929-5
Dépôt légal : juin 2018
N° d'impression : 85009